예배와 삶의 일치

복음에는 하나님의 의가 나타나서
믿음으로 믿음에 이르게 하나니; 기록된바,
"오직 의인은 믿음으로 말미암아 살리라" 함과 같으니라.

로마서 1 : 17

비전북은 줄과 추 도서출판와 하늘사다리 가 연합하여 설립한 출판사로서 이 땅에 하나님 나라의 확장을 위하여 존재하며 오직 믿음으로 주님 오실 그날까지 주님을 섬기며 꿈과 비전을 가지고 모든 삶의 영역 속에서 예배와 삶의 일치를 이루어 갈 것입니다

예루살렘 최후의 새벽

예루살렘 최후의 새벽

존해기 지음 | 홍원팔 옮김

비전북출판사

예배와 삶의 일치

복음에는 하나님의 의가 나타나서

믿음으로 믿음에 이르게 하나니; 기록된바,

"오직 의인은 **믿음**으로 말미암아 살리라" 함과 같으니라.

로마서 1 : 17

예루살렘 최후의 새벽

1판 1쇄 인쇄 : 2002년 10월 31일
1판 1쇄 발행 : 2002년 11월 15일

저 자 : 존 해기
역 자 : 홍 원팔
발행인 : 이원우 / 발행처 : **비전북출판사**
주 소 : (136-819)서울시 성북구 석관동 257-9호
전 화 : (02)966-3090 / 팩 스 : (02)3293-6620

E-mail : vsbook@hanmail.net
등록번호 : 제10-1452호

공급인 : 박종태 / 공급처 : **비전북**
전 화 : (031)907-3927 / 팩 스 : (080)403-1004

Copyright ⓒ 2002 **비전북출판사** Printed in Korea
값 9,000원

ISBN 89-87613-94-1 03230

❖ 잘못 만들어진 책은 바꾸어 드립니다.
❖ 본 도서의 내용을 일부 또는 전부를 허락없이 전재, 복사 또는 광전자 매체 수록 등을 할 수 없습니다.

FINAL
DAWN
OVER JERUSALEM

by

JOHN HAGEE

하나님께서 나에게 맡겨주신
사랑스런 나의 자녀들에게 :
티쉬, 크리스토퍼, 크리스티나, 매튜, 그리고 산드라

Final Dawn Over Jerusalem
::::: 차 례 :::::

서 문

영국의 정치가며 저술가인 벤자민 디즈레일리는 "예루살렘의 역사는 세계의 역사며 그것은 하늘과 땅의 역사다." 라고 말했다.[1]

나는 디즈레일리의 말을 수정하고 싶다. 우리가 예루살렘의 역사를 살펴본다면 세계 역사 이상의 것, 즉 미래에 대한 예측을 발견하게 될 것이다.

예루살렘에서 우리는 온 우주의 미래와 인류의 소망에 대한 열쇠를 발견할 수 있을 것이다. 그리고 멀지 않은 미래에 왕, 약속된 메시야께서 다시 오실 것이며, 유대인들과 이방인들이 다함께 그분이 예루살렘 거리를 거니시는 것을 보게 될 것이다. 우리는 만왕의 왕(王), 만주의 주(主)를 바라볼 때에 기뻐 외치게 될 것이다.

우리가 열망하는 메시야가 영원한 평화의 나라를 세우실 것이다. 그분 나라의 수도는 예루살렘이 될 것이며, 그 이름의 의미는 "평화의 성"이다. 세상의 열방들은 평화를 부르짖고, 고대 도시 예루살렘에는 전쟁의 폭풍이 모여들고 있다. 최초의 시간이 시작된 이후로 정확하게 뜨고 진 하나님의 시계인 태양이 거룩한 도성의 성벽 뒤로 가라앉을 것이다.

예루살렘 최후의 날이 밝아 오는 새벽, 만왕의 왕이 그분의 나라를 세우실 것이다. 택한 백성, 아브라함의 후사가 그들의 메시야를 환영할 것이다. 그리고 그분은 그 도성의 등불이 되시고, 세상의 빛이 되실 것이다.

나는 예루살렘을 깊이, 그리고 영원히 사랑한다. 나는 1979년 4월에 처음으로 그 거룩한 도성을 방문했다. 그때 나는 이방인 순회 설교자로서 옛길을 걸었으며, 그 도시의 아름다움과 그 백성의 정신을 보고 놀라움을 금치 못했다.

만약에 내가 예루살렘 역사상 영광스러운 최후의 장에 대해서 쓸 자신감이 없었다면, 다가올 전쟁과 폐허에 대해서도 쓸 수 없었을 것이며 어두움이 다가올 것이다. 그리고 그것은 이스라엘 역사상 가장 어두운 밤이 될 것이다. 그러나 그 아침과 함께 큰 기쁨과 최후의 새벽이 다가올 것이다.

예루살렘은 메시야를 맞이하게 될 것이다. 그 새벽에 메시야께서 온 세상을 진리와 은혜로 다스리실 것이며 그분은 열방들이 영광스러운 자신의 의와 놀라운 사랑을 입증하게 하실 것이다.

나와 함께 그 거룩한 도성과 그것을 물려받은 하나님의 택한 백성들에 대해 탐험해 보자. 만약에 우리가 하나님께서 미래에 대한 그

분의 계획을 실행하시는 이유를 이해하려 한다면, 그분의 택한 백성
에 대해서 이해해야만 할 것이다.

영광스러운 예루살렘의 새벽은 결코 멀지 않다.

주(註)

1. Benjamin Disraeli, Tancred, bk. 3, ch. 4, *The Columbia Dictionary of Quotations,* Licensed from Columbia University Press.

Final Dawn Over Jerusalem

1부 : 예루살렘의 사람들

1

예루살렘 최후의 새벽

1부 : 예루살렘의 사람들

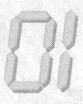

평화의 성 예루살렘

1981년 6월 7일 여느 때와 다름없이 워싱턴에 조용한 일요일이 시작되었다. 뜨거운 오후의 태양 빛이 백악관 뒤편에 있는 로즈 가든(백악관의 정원)에 가득 찼으며, 건물의 흰 기둥들을 밝게 비추고 있었다. 잘못된 것은 아무것도 없어 보였다. 레이건 대통령 부부는 캠프데이비드에서 주말 휴가를 보내고 있었다.

그러나 국가 안전 보좌관인 리처드 앨런은 그의 사무실에서 공포심을 억제하며 대통령에게 전화를 했다. 어떤 직원이 캠프데이비드에서 전화에 응답했다. 그리고 그는 앨런에게 대통령이 워싱턴으로 돌아가기 위해 방금 헬리콥터에 탑승했다고 말했다. 그러나 앨런은 다급하게 "헬리콥터에서 내려오게 하시오. 긴급 상황이요. 즉시 대통령에게 보고해야 합니다." 라고 말했다.

"당신, 농담하는 거요? 헬리콥터는 이미 이륙했소!"

"즉시 내려오게 하시오!"

잠시 후에 대통령이 전화를 받았다. 헬리콥터가 뒤뜰에서 날개를 퍼덕거리고 있는 동안에 앨런은 이스라엘이 이라크의 핵 발전소를 공격했다고 설명했다.

"각하, 그들은 미국의 F-16기를 사용했습니다. 우리는 단지 방어적인 목적으로만 사용한다는 조건으로 75대의 F-16기를 그들에게 팔았습니다."

"그 사건에 대해 무엇을 알고 있소?" 라고 대통령이 물었다.

"아무것도 모릅니다, 각하! 보고를 기다리고 있습니다."

"그들이 그 일을 했다고 생각하는 이유는 무엇이오?"

앨런은 잠시 동안 그 질문에 대해 생각하다가 "각하, 항상 그 놈이 그 놈 아닙니까?" 라고 대답했다.

목표는 오시락 핵 발전소

이스라엘 시간으로 오후 4시 40분 시나이 반도에 있는 이스라엘 공군 기지 지하 벙커(은신처)에서 일단의 비행단이 은밀하게 출발했다. 그 비행단은 아카바만을 가로질러 요르단 상공을 날아갔다. 아랍의 레이더 시스템의 맹점을 이용하기 위해 14대의 비행기들은 지표 가까이서 날아갔다. 또 무전을 도청하는 자들을 속이기 위해 모든 조종사는 유창한 아랍어로 말했다.

예루살렘에서는 이스라엘 내각이 레하브야 교외에 있는 메나헴 베긴 수상의 비밀 거주지에 모였다. 장관들은 은밀하게 초대되었고, 장관들이 접견실에 들어갔을 때, 혼란스럽고도 호기심에 찬 동료들을 만나게 되었다. 장관들은 자신들이 비밀 회의에 참석하고 있다는 사실을 듣고는 충격을 받았다.

오후 5시 15분 베긴 수상은 놀라운 소식을 가지고 그의 비밀 사무실에 나타났다. 캐주얼한 셔츠를 입은 수상은 조용히 "지금 우리의 폭격기들이 이라크에 있는 목표물을 향해 날아가고 있습니다. 나는 우리의 비행사들이 그들의 임무를 성공적으로 완수하고 무사히 귀환하기를 바랍니다."라고 말했다.[1]

바그다드에 태양이 지자 위장 요격기인 6대의 F-15기들이 0.9톤의 폭탄을 실은 8대의 F-16기들과 상공에서 보호 대형을 형성했다. 또한 핵 발전소 부근의 이라크 민간인들에게 피해를 입힐 가능성을 최소화하기 위해 주의 깊게 시간을 조절했다. 약속된 시간이 되자 이스라엘 폭격기들이 하늘에서 폭탄을 투하하여 오시락 핵 발전소를 강타했다.

맨 앞에 선 폭격기가 최초의 폭탄을 투하하자 스마트 미사일이 핵 발전소 주변에 설치된 콘크리트 장벽에 구멍을 냈다. 미사일이 목표물을 향해 똑바로 날아가게 하는 유도 장치의 잔해를 아무도 발견할 수 없었다. 그 장치는 이스라엘 정보 기관인 모사드의 요원들이 먼저 설치해 놓은 서류 가방 속에 숨겨져 있었다. 첫 번째 폭발 후에 핵 발전소의 지붕이 붕괴되고 수백 톤의 콘크리트와 강철이 땅으로 쏟아졌다. 눈 깜작할 사이에 2억 6천만 달러짜리의 이라크 핵 발전소와 그 모든 장비가 잿더미로 변했다. 그리고 원자 폭탄을 만들려는 사담 후세인의 계획이 한 순간에 물거품이 되었다.

2대의 이스라엘 F-16기들이 파괴된 현장을 사진으로 찍었다. 단한 사람의 민간인 피해자만을 낸 채 완전히 폐허가 되었음을 확인했다. 그 비행단은 임무를 완수하고 15분 거리인 고국으로 귀환하기 시작했다.

예루살렘에서는 베긴의 비밀 거주지에 모인 내각이 평정을 되찾고, 그들의 폭격기가 1대라도 격추 당했을 경우에 어떤 반응을 보여야 할 지에 대해 토론했다. 오후 7시에 모든 비행기가 무사히 귀환했다는 보고가 들어왔다. 그 자리에 모인 사람들은 모두 박수를 치며 축하했다. 잠시 후에 베긴은 수화기를 들고 미국 대사에게 그 습격에 대해 말해 주었다.

미국이 제공한 폭격기들이 이라크를 공격했다는 소식을 들은 미국 대사 사무엘 루이스의 대답은 "말도 안 되는 소리!" 라는 것이었다.

모든 반응이 간단하지 않았다. 소련의 뉴스 통신사인 타스(TASS)는 그 습격을 "갱단의 행위" 라고 불렀고, 미국이 연루되었다며 비난했다. 이집트의 전수상은 이스라엘에 대해 행동을 취해야 할 시간이 되었다고 경고했다. 아랍연맹 사무총장인 체들리 클리비 장군은 미국이 이스라엘에 대해 제재를 가해 줄 것을 요구했다.

월요일 아침에 레이건 행정부의 주요 인사들이 그 상황을 평가하기 위해 한자리에 모였다. 부통령인 조지 부시와 수석 보좌관인 짐 베이커는 이스라엘에 대해 주요한 제재를 가할 것을 촉구했다. 국방

성 장관인 캐스퍼 와인버거는 F-16 전투기 추가 판매 계획을 취소하기 원했다.

레이건 대통령은 개인적으로 이스라엘을 좋아했다. 그리고 이스라엘이 무력을 사용하는 것이 평화를 위한 가장 효과적인 방법이라고 믿었다. 그러나 결국 백악관은 간결하고도 가혹한 성명을 발표하여 그 행동을 비판하고 그 공격을 비난하며 징계를 하겠다고 협박했다. 국무성은 그 놀라운 습격이 "이미 그 지역에 형성된 긴장 관계를 심각하게 악화시켰다."고 말했다.

베긴 수상은 즉시 대답했다.

"이라크는 이스라엘의 자녀들에게 투하하기 위해 원자 폭탄을 만들고 있었다."

그리고 그는 전세계를 향하여 "150만 명의 유대인 어린이들이 가스실에 던져졌다는 말을 들은 적이 있는가?"라고 말했다. 그는 주저하지 않고 열정적인 표현을 사용했다.

"유대 역사상 또다른 홀로코스트(대학살)가 생길 수도 있었다. 그런 일은 결코 있어서는 안 된다. 친구들에게 말하라. 만나는 모든 사람에게 말하라. 우리는 모든 수단을 동원하여 우리 백성을 지킬 것이다."

베긴 수상이 자기 행동에 대해 능수 능란하게 변명했음에도 불구하고 세계 여러 나라들은 이스라엘에게 보복을 가하라고 압박했다. UN에서는 6일 동안 토론을 한 후, 진 J. 커크패트릭 미국 대사가 미국의 충실한 친구인 이스라엘에 반대표를 던지면서 "공포심을 잠재우기 위해 이스라엘이 선택한 방법은 그 지역의 평화와 안전을 크게 훼손시켰다."라고 말했다. 커크패트릭 대사는 UN 안전보장이사회의 다른 15명의 멤버들과 합세하여 이스라엘의 습격을 비난했다. 그리고 아랍 외교관들은 그 투표를 분석하고 "미국은 중동 지역에서 체면을 살렸고, 이라크는 도덕적 승리를 거두었다."라고 말했다.[2]

며칠 후에 베긴 행정부는 미리 분류해 놓았던 몇 가지 사실들을 공표했다. 이라크는 파괴된 핵 발전소 지하 4m 지점에 원자 폭탄을 개발하는데 사용하기 위한 장치를 은밀하게 설치해 놓았다. 이라크는 또한 옐로우케이크라고 불리는 중성 우라늄 200톤도 비축해 놓았다. 그것은 플루토늄(방사성 원소)을 만드는데 사용되는 치명적인 물질이다. 이스라엘은 최초의 핵 공격을 받았을 때, 결코 살아 남을 수 없다는 사실을 잘 알고 있었다. 단 한 방에 모든 군사 기지가 사라져 버릴 것이다. 그래서 선제 공격만이 살아 남기 위한 유일한 방법이었다.

그 후 몇 주간 동안 전세계의 신문들은 지면마다 이스라엘을 비난하는 기사를 실었다. 그리고 미국 의회는 특별 청문회를 개최하여 이스라엘에 대한 F-16기의 추가 판매 계획을 보류시켰다. 메나헴 베긴 수상은 고국에서는 인기가 있었지만 세계의 눈에는 악당으로 비쳐졌다. 그는 사담 후세인을 사악한 통치자로 묘사했는데, 그것도 보편적으로 거부되어졌다.

베일을 벗은 사담 후세인

10년 후, 쿠웨이트에 대한 후세인의 갑작스럽고도 파괴적인 공격을 저지하기 위해 전세계가 연합군에 합류했다. 후세인은 고도로 훈련된 군대로 유전들을 파괴했으며, 그 작은 나라의 빈약한 군사 자원을 깔아뭉개 버렸다. 그리고 오시락 핵 발전소 습격의 "희생자"인 후세인은 중동의 "미친 자"라는 새로운 이미지를 얻었다. 그래서 이스라엘의 공격을 강력하게 비난했던 UN 안전보장이사회의 회원국들은 중동의 침략자에 대한 견해를 바꾸지 않을 수 없었다. 메나헴 베긴 수상은 이제 예언자가 되었다.

미국인들은 1981년 6월 7일, 무덥고 조용한 오후에 있었던 일의 결과에 대해서 서서히 인식하게 되었다. 만약에 이스라엘이 후세인의 원자 폭탄 공장을 파괴하지 않았더라면 수많은 미국인들이 사막에서 핵 공격을 받아 살해되었을 것이다.

석양의 은밀한 습격이 전세계를 아마겟돈 전쟁에서 구원해 주었던 것이다.

나는 **"이스라엘 폭격기들이 이라크의 핵 발전소를 파괴했다 - 미국과 아랍 국가들이 그 공격을 비난했다."** 라는 뉴욕 타임즈의 기사를 읽은 것을 기억한다. 이스라엘이 후세인의 핵 발전소를 선제 공격한 것에 대한 흥미로운 기사는 샌안토니오(미국 텍사스주 남부의 도시)의 뉴스 전면에 실리기도 했다. 그러나 내가 섬뜩한 표현으로 된 그 기사를 읽었을 때, 대량 살상 무기를 개발하려는 후세인의 광적인 시도는 단 한 가지 목적을 위한 것이라는 사실을 알고 있었다. 이라크는 예루살렘을 지도상에서 지워 버리고자 했던 것이다.

그리고 나는 다음과 같은 기사를 읽은 것으로 기억한다.

"이스라엘이 먼저 공격했다. 그것은 마치 현관 앞에 나타난 방울뱀을 쏜 것과 같다. 방울뱀이 노려보고 있다면 당신도 그냥 기다릴 수만은 없을 것이다."

이스라엘은 히틀러, 스탈린, 아야툴라 호메이니(이란 혁명의 최고 지도자), 후세인 그리고 세계의 다른 미치광이들에 대해 심각하게 고려해야만 한다는 사실을 알고 있었다. 이스라엘 방위군(IDF)이 오시락 핵 발전소에 대해 취한 행동은 단순하고도 논리적인 것이었다. 만약에 보다 많은 나라들이 이스라엘만큼 악에 대해 심각하게 생각했다면 역사상 히틀러와 같은 사람들이 세계를 피바다로 만들 힘을 비축할 기회를 갖지 못했을 것이다.

나는 이스라엘을 열렬히 옹호하는 기사를 발견하기를 기대하면서 샌안토니오 신문의 사설을 보았지만 충격을 받았다. 지구상 가장 민감한 부분에 있는 우리의 동맹국이 통렬한 공격의 목표가 되어 있었고, 지역 신문도 이스라엘을 리비아만큼 공격적이라고 비난했다. 나는 지역 신문의 자세에 대해 매우 속이 상했다. 다른 전국 신문들을 뒤져보았으나 역시 마찬가지였다. 미국 언론은 매우 격앙되어져 있었으며, 이스라엘이 뉴스 헤드라인의 유일한 항목이었다.

내 영혼 깊은 곳에서 나팔 소리가 울려 퍼졌다. 나는 그냥 가만히 앉아 있을 수 없었고, 이 부당한 비판을 그냥 지나칠 수가 없었다. 그래서 나는 친숙한 에드먼드 버크의 인용문을 상기했다.

"악이 승리하기 위해 유일하게 필요한 것은 선한 사람들이 아무 것도 하지 않는 것이다."

요람의 역할을 한 시오니스트

이스라엘에 대한 나의 지지는 우리집의 가정 제단에서 시작되었다. 나의 아버지는 50년 동안 복음 사역자와 성경 학자로 일하셨다. 저녁마다 우리 가족들이 식탁에 둘러앉았을 때, 아버지가 유대인들은 "하나님의 눈동자"와 같은 사람들이라고 가르치셨다. 그는 교인들에게도 이스라엘은 모든 시대를 위한 하나님의 시계라고 가르치셨으며, 하나님의 도성인 예루살렘은 이 순간부터 메시야가 오실 때까지 세상의 초점이 될 것이라고 가르치셨다.

제2차 세계 대전이라는 어두운 시절에 아버지는 자신의 교인들에게 "언젠가는" 이스라엘이라는 나라가 재탄생하는 날을 보게 될 것이라고 가르치셨다. 1948년 5월 15일에 우리는 부엌에서 라디오를 듣고 있었는데, 그 때 20세기 최대의 정치적인 기적이 현실로 나타났다. 아버지의 가르침이 예언으로부터 역사로 변환되었을 때, 우리 가족들은 넋을 잃고 앉아 있었다. 이스라엘의 탄생은 성경 예언의 정확성을 확인시켜 주었으며, 하나님께서 아버지의 사역에 인을 쳐 주신 것이었다.

1979년 4월에 나는 이스라엘을 처음으로 여행했다. 나는 베들레헴에 있는 그리스도의 탄생지로부터 세례를 받으신 요단강, 유다가 배신한 겟세마네, 부활하신 무덤에 이르기까지 그리스도의 발자취를 따라 걸어갔다. 배를 타고 갈릴리 바다도 건너갔는데, 그곳은 나의 구세주께서 폭풍 가운데 걸어가심으로써 두려워 떠는 제자들을 잠잠하게 만드신 곳이었다. 나는 갈보리 산꼭대기에 서서 구속의 기적을 생각하고는 놀라워했다.

비록 나의 순례 여행에 대해 매우 흥분했을지라도 그 땅의 아름다움과 그 백성의 정신에 대해서는 아무런 준비가 없었다. 유대인들의 땀과 피와 눈물과 천재성의 성과는 사막을 옥토로, 가난을 번영으로, 버려진 황무지를 기적의 땅으로 변화시켰다.

황폐한 산들은 푸른 숲이 되었고, 말라리아에 감염된 늪지대는 사라지고 유칼리 나무숲으로 변했다. 쫓겨난 백성은 손상된 땅을 이사야 선지자가 약속한 땅으로 바꾸어 놓았다.

60개국 이상의 말을 하는 의사들, 변호사들, 교수들, 상인들, 그리고 음악가들이 한없는 개인적 희생을 치르고 견딜 수 없는 장애를 극복하면서, 그들의 유럽 유산과 풍요로운 생활 방식을 버리고 아브라함에게 약속한 나라를 재건했다. 그 핏줄에 다윗 왕의 피가 흐르는 이 선구자들은 다시 돌아와 골리앗을 추방했다. 다윗의 물매 돌보다 낫지 않은 화력으로 그들은 영국에 의해 철저히 무장된 아랍 민족과 대면했다. 쫓겨난 자들은 한치의 땅도 양보하지 않고 팔레스타인의 주인이 되었다.

아브라함과 이삭과 야곱에게 약속된 이 땅은 창세기에 나타난 무조건적이고 파기할 수 없는 피의 언약을 통해서 영원히 그들의 것이 되었다. "그 날에 여호와께서 아브람으로 더불어 언약을 세워 가라사대 내가 이 땅을 애굽 강에서부터 그 큰 강 유브라데까지 네 자손에게 주노니 곧 겐 족속과 그니스 족속과 갓몬 족속과 헷 족속과 브리스 족속과 르바 족속과 아모리 족속과 가나안 족속과 기르가스 족속과 여부스 족속의 땅이니라 하셨더라"(창 15 : 18-21).

기드온의 아들과 딸들의 용기와 열성이 현대 이스라엘을 탄생시켰으며, 그들의 친척들이 귀환하도록 촉구했다. 데오도르 헤르츨, 카임 바이츠만, 골다 메이어, 모세 다얀, 메나헴 베긴 등의 정신이 비옥한 해안 평지에 넘쳐흘렀으며, 나의 상상력은 헤르몬 산꼭대기로 솟아오르게 했다.

나는 이 사람들의 정신을 사랑했다. 그들은 국가를 형성한 이후로 중동 지역에서 미국의 유일하고도 진실한 친구가 되었다.

행동할 시간

그러나 오시락에 있던 이라크의 핵 발전소가 폐허로 변해 불타고 있는 동안에 이스라엘의 많은 미국인 친구들은 입을 다물고 있었다. 미국 신문들이 이스라엘을 탄핵하고 정치적인 보복을 가해야 한다고 위협했을 때, 나는 지금이야말로 일어서서 말해야 할 때라고 생각했으며 뭔가를 해야 할 때였다. 그러나 무엇을 할 것인가? 그 순간 내 머리에 어떤 생각이 떠올랐다. 왜 이스라엘을 지지하는 대규모의 데모를 하지 않는가? 미국인들은 자신들이 반대하는 일에 대해서 데모를 한다. 그렇다면 우리가 지지하는 일을 위해서 데모를 못할 이유는 무엇인가? 우리는 그것을 "이스라엘을 지지하기 위한 밤"이라고 부를 것이다.

이런 생각이 떠오른 아침, 아내 다이애나와 나는 아침 식탁에 앉아 있었다. 그리고 나의 생각을 그녀에게 말해 주었다. 나는 펜을

들어 종이 위에 몇 가지 생각들을 적었고, 다이애나에게 다른 목사
들도 나와 뜻을 같이 하면 좋겠다고 말했다.

나는 샌안토니오에 거주하는 약 150명의 목사들에게 편지를 보내,
나와 함께 성명을 내고 공개적으로 이스라엘을 지지하자고 말했다.
또한 우리는 기자 회견을 갖고 이스라엘을 지지하기 위한 밤을 개최
하려는 나의 의도를 선언하고자 했다. 그러나 이 모든 것이 탁상공론
에 지나지 않았다. 나는 샌안토니오의 대부분의 목사들이 기쁜 마음
으로 동참하리라 생각했다. 그러나 트리니티침례교회의 버크너 패닝
목사만이 나의 편지에 대해 호의적인 답변을 보내왔다. 나는 "네 이
웃을 네 몸과 같이 사랑하라"고 가르치신 랍비(예수님)에 의해 설립
된 교회 내에 반유대적 정서가 살아 있는 것을 발견했다.

우리가 예수님이 유대인이라는 사실을 잊어버리는 경향이 있는 것
은 이상한 일이 아닌가? 많은 크리스천들이 예수님은 그리스도 부부
의 아들이며, 베들레헴에서 태어났고, 나중에 자기가 교회를 설립하
는 것을 도와줄 12명의 갈색 머리와 푸른 눈을 가진 제자들을 부르
셨다고 믿는다.

어쨌든 나는 많은 지원도 받지 못한 채 축제의 밤을 계획했다. 그
러자 곧 생명의 위협을 느꼈다.

나는 나와 함께 하기로 동의한 패닝 목사, 그리고 다른 두 명의
랍비들과 함께 기자 회견을 갖고 다가올 행사에 대해 선포했다. 우
리는 성명서를 발표했으며 사진 기자들은 우리의 스냅 사진을 찍었
다. 그러자 큰 소동이 일어났다. 그 다음날 아침 신문이 나온 지 한

시간도 되지 않아 어떤 사람이 우리 교회에 전화를 해서 죽이겠다고
위협했다. 그는 "그 목사에게 금요일까지 죽을 것이라고 전해!"라
고 말했다.

나는 그런 죽음의 위협에 대해 심각하게 생각했다. 그래서 사설
경호원을 찾아갔더니 즉시 나의 모든 활동을 중단하라고 말했다. 그
는 나에게 "평상시대로 사무실에 가지 마시오. 다른 차를 사용하고,
다른 장소에서 연구하며, 모든 약속은 취소하시오. 그리고 방탄 조
끼를 사서 입으시오."라고 말했다. 나는 그가 시키는 대로 했다.

그러나 집 앞에 세워둔 내 차의 유리창에 총을 맞을 때까지는 그
런 위협이 심각하다고 생각지 않았다. 이스라엘을 지지하기 위한 밤
이 가까워지자 긴장은 더욱 고조되었다.

1981년 9월 10일에 예술 공연을 위해 세워진 라일라 코크렐 극장
은 이스라엘을 지지하기를 원하는 친구들로 가득 찼다. 나 자신과
나와 뜻을 같이한 침례교 목사뿐만 아니라 샌안토니오의 모든 랍비
가 참석했다. 랍비들과 버크너 패닝 목사는 강단 위에 나와 함께 서
있었으며, 코너스톤교회의 성가대와 오케스트라는 히브리 노래를 연
주했다. 나는 미소를 지으며 음악을 들었다. 그리고 어떤 수상한 움
직임이 있을까봐 군중들을 살펴보았다. 나는 매우 긴장했다. 그러나
그날 밤 행사는 평온하게 진행되었다.

그날 밤에 우리가 보여주기를 원했던 것은 단순한 지지가 아니라
사랑이었다. 사랑은 말로 하는 것이 아니라 **행동**하는 것이다. 이스
라엘과 전세계의 유대인들에게 지지를 표시하는 것만으로는 충분하

지 않았다. 우리는 우리의 사랑을 증명할 수 있는 어떤 일을 해야만 했다. 우리는 행사를 시작하기 전에 먼저 예루살렘에 있는 하다사 병원을 위해 모금을 했다. 그 병원은 유대인들뿐만 아니라 아랍인들 도 치료해 주는 의료 시설이다.

성가대가 "황금의 예루살렘", "이바레크차" 그리고 다른 노래들을 아름답게 부른 후, 나는 강대상으로 걸어가 수십 년의 사역 기간 동 안 한 번도 해본 적이 없는 연설을 했다. "이스라엘과 유대인들은 수세기 동안 적들의 음성을 들었습니다. 그들은 말할 수 없는 어려 움과 박해를 견뎠습니다. 그러나 오늘 밤 우리는 그들이 친구들의 음성을 들을 시간이라고 말해야만 합니다. 지금은 소심함과 자기 만 족을 용기와 확신으로 대치시켜야 할 시간입니다."

나는 그들에게 나의 예루살렘 순례 여행에 대해 말했다. 그리고 그 거룩한 도성, 하나님의 도성에서 어떻게 특별한 임재를 느꼈는지 에 대해 말했다. 나는 그 도성의 자갈길에 섰을 때, 영적인 고향을 발견했다.

그 다음 나는 이스라엘 공군이 오시락의 핵 발전소를 공격한 문제 에 대해 연설했다. "우리가 전쟁의 분위기가 감도는 상황에서 이스 라엘이 자신을 방어한 것으로 인해 박수를 받아야 한다는 말은 아닙 니다. 우리는 중동의 테러리스트들에게 관용을 베풀지 않은 용기와 결심으로 인해 이스라엘에게 박수를 보내는 것입니다."

나는 미국 경제의 생명의 피, 즉 석유 문제에 대해 강조했다.

"조만간 석유 자원은 고갈될 것입니다. 그리고 외국 정부들은 우리에게 선택을 강요할 것입니다. 그리고 그들은 우리에게 '이스라엘에 대한 지원을 중단하라. 그렇지 않으면 페르시아만에서 더 이상 석유를 살 수 없을 것이다.'라고 말할 것입니다."

나는 잠시 말을 멈추고 청중을 둘러보았다. "나는 소망하며 또 기도합니다. 그런 날이 도달했을 때, 수백만 미국인들은 일어서서 석유 상인들에게 그들의 석유를 도로 가져가라고 말할 것입니다. 우리는 비록 자전거를 탈지라도 이스라엘을 지원할 것입니다."

청중들은 깜짝 놀랐다. 나는 그들이 내가 무슨 말을 하기를 기대했는지 모른다. 그러나 그들은 그런 식으로 지원하라고 말하기를 기대하지는 않았을 것이다.

나는 계속해서 마틴 네이몰러 목사의 말을 인용했다. 나치 시대에 살았던 그의 음성은 우리에게 옳은 말을 하고 참여해야 하는 것의 중요성을 일깨워 주고 있다. "히틀러가 유대인들을 공격했을 때, 나는 유대인이 아니었습니다. 그래서 나는 아무런 관심이 없었습니다. 히틀러가 카톨릭을 공격했을 때, 나는 카톨릭 신자가 아니었습니다. 그래서 아무런 관심도 없었습니다. 히틀러가 노동 조합과 생산업자들을 공격했을 때, 나는 노동 조합원이 아니었습니다. 그래서 나는 아무런 관심도 없었습니다. 그러나 히틀러가 나와 기독교를 공격했을 때, 아무도 관심을 가져주지 않았습니다."

나는 유대인들이 교육, 재정, 의학, 음악, 과학, 박애 정신 등의 분야에서 미국에 가져다준 축복들을 되돌아보면서 나의 연설을 끝맺었다. 나는 또한 제2차 세계 대전 동안에 용맹하게 미국을 위해 봉사한 500,000명의 유대인 병사들을 찬양했다.

나는 "어떤 사람이 유대인을 사랑하지 않으면서 진실로 '나는 크리스천입니다!' 라고 말하는 것은 불가능합니다." 라고 결론을 맺었다. 나의 연설이 끝나자마자 우리는 하다사 병원을 위해 헌금을 했다.

나는 1.2m짜리 판지에 쓴 10,000달러 수표를 하다사 병원 관계자에게 전달했다. 내가 그곳에 모인 군중들과 TV 시청자들에게 수표의 액수를 공표했을 때, 그 선물을 받은 여인의 뺨에서 눈물이 흐르기 시작했다. 잠시 후에 그녀의 눈물은 흐느낌으로 변했고, 일순간 그 자리에 모인 수많은 사람들의 마음이 하나가 되었다. 내가 청중들을 자세히 살폈을 때, 샌안토니오에서 가장 영향력 있는 시민들 중 몇 사람이 공개적으로 눈물을 흘리는 것을 보았다. 나는 그 기억을 항상 소중하게 간직할 것이다.

샌안토니오의 테러리즘

수표를 제시한 후, 나는 랍비 세인버그를 소개하면서 축도를 부탁했다. 그가 기도하기 시작했을 때, 안전 요원 한 사람이 나에게로 다가와 내 손에 메시지를 전달해 주었다. 어떤 사람이 **샌안토니오 익스프레스 뉴스** 신문사를 폭파하겠다고 위협했다는 것이다. 테러리스트는 9시 30분에 행사장을 날려버리겠다고 위협했다. 시계를 보니 9시 27분이었다.

랍비의 기도가 끝났을 때, 나는 마이크 앞으로 달려갔다. "이 아름다운 밤을 부정적인 말로 끝마치고 싶지는 않습니다. 그러나 안전

요원이 나에게 말하기를, 2분 이내에 이 빌딩에 폭탄이 터질 것이라
고 합니다. 그러니 재빨리 빠져 나가십시오!"

대부분의 크리스천들이 충격과 공포에 사로잡혀 출입구를 향해 달
려갔다. 그러나 놀랍게도 대부분의 유대인들은 전통적인 히브리 방
식으로 손을 흔들었는데, 그것은 마치 "우리는 이런 일을 수도 없이
당했습니다. 우리는 정신병자 때문에 겁을 먹지 않습니다." 라고 말
하는 것 같았다.

대부분의 청중들은 피난처를 찾아 달려갔다. 그러나 유대인들의
결의는 나에게 깊은 인상을 심어 주었다. 그들은 여유 있게 친구들
과 인사를 나누고 대화를 끝마친 다음에 떠나갔다.

안전 요원이 이스라엘 영사인 시온 에브로니와 함께 다이애나와
나를 뒷문으로 빠져 나가게 했다. 우리가 그의 호텔로 돌아왔을 때,
내 마음 속에 의분이 일어났다. 나는 에브로니 영사에게 "나치와 같
은 것들 때문에 겁을 먹고 침묵을 지키거나 복종하지 않을 것입니
다." 라고 말했다.

"만약에 그들이 싸우기를 원한다면 우리는 그들이 기대하는 것보
다 더 많이 갚아 줄 것입니다. 만약에 이스라엘을 지지하는 밤이 그
들을 미치게 만들었다면 우리가 미국 전역에서 그 행사를 계속할
때, 어떤 반응을 나타내는지 봅시다."

그날 밤, 나는 이스라엘을 지지하는 밤을 미국 전역에서 실시해야
만 한다고 생각했다. 우리는 성가대와 오케스트라를 데리고 갈 것이
고 누구든지 미국 대도시의 행사장으로 가게 할 것이다. 나의 의도

는 협박 전화를 한 독사들이 하수구에 머리를 처박을 때까지 교회와
미국의 핏줄 속에 존재하는 반유대적 감정에 대항하는 것이었다.

우리는 휴스턴, 오스틴, 댈러스, 포트워스, 피닉스, 로스앤젤레
스, 틸사 등지에서 이스라엘을 지지하는 밤을 개최했다. 그러자 스
킨헤드족(1970년대 초, 장발족에 대항하여 삭발한 전투적인 보수파
청년)들이 나치 유니폼을 입고 **"존 해기를 처단하라"**고 쓰여진 피켓
을 들고 행사장 앞길을 행진하면서 "사이그 하일(Seig Heil)"이라
고 외쳐댔다.

내 인생의 하이라이트들 중의 하나는 예루살렘에서 이스라엘을 지
지하는 밤을 개최한 것이었다. 200명의 성가대와 오케스트라를 운
송하는데 값이 매우 비쌌지만 우리는 최선의 노력을 다했다. 어떤
사람들은 가구를 팔고, 다른 사람들은 세컨드(기어) 자동차를 팔아
여비를 마련했다. 몇 달 동안 모금을 한 후, 우리는 필요한 재정을
마련할 수 있었다. 우리는 "엘 알(EL AL)" 이스라엘 항공기를 타
고 약속의 땅으로 날아갔다.

우리의 성가대와 오케스트라가 텔 노프, 아엘레트 하사하르, 그리
고 예루살렘 유대인 극장에서 연주를 했을 때, 그 공연은 정말로 감
동적이었다. 나는 천사의 날개 깃털과 하나님의 임재를 느낄 수 있
었다.

일회적 행사로 시작된 것이 이제 코너스톤교회의 연례 행사가 되
었다. 매년 5월에 우리는 위성을 통해서 코너스톤교회의 예배당으로
부터 범국가적 TV 시청자들에게 "이스라엘을 지지하는 밤"을 방영

한다. 1981년 9월 10일 이후로 17년이 지나갔다. 그러나 그 문제는 오늘날에도 여전히 절박하다. 개인적인 협박은 진정되지 않았으며, 메시지도 억제되지 않았다. 크리스천들과 유대인들의 의혹도 결코 끝나지 않았다. 우리는 박수 갈채나 인정을 받기 위해서 이스라엘과 유대인들을 지지하는 것은 아니다. 다만 하나님의 백성을 축복하라는 성경적인 명령 때문에 그렇게 하는 것이다.

세계가 그토록 빨리 이스라엘에게 등을 돌리는 이유는 무엇인가? 기독교가 2,000년 동안 유대인들을 박해한 이유는 무엇인가? 크리스천들이 과거의 죽은 유대인들, 즉 아브라함과 이삭과 야곱과 다윗과 예수 그리스도와 바울은 찬양하면서도 현대의 유대인들을 저주하는 이유는 무엇인가?

이스라엘과 예루살렘과 유대인들에 대한 공격은 예루살렘의 가장 어두운 시기를 단계적으로 확대시킬 것이다. 또한 현재 평화의 단계는 전쟁을 잉태하는 것으로 판명되어질 것이다. 예루살렘에 대한 광적인 공격이 증가할수록 우리는 세상에게, 유대인들뿐만 아니라 크리스천들에게도 선을 긋게 될 것이라는 사실을 알려야만 한다. 우리는 서로 연합되어져 있으며 불가분의 관계에 있다.

이스라엘이여, 너는 혼자가 아니다.

주(註)

1. "Attack-and Fallout," Time, June 22, 1981.
2. "A Vote Against Israel," Newsweek, June 19, 1981.

이스라엘을
축복한 사람들

이스라엘과 그 거룩한 도성 예루살렘은 미래의 열쇠를 가지고 있다. 유대 나라에서 일어나는 일은 하나님께서 나머지 세상에게 하시는 일에 영향을 준다. 따라서 우리가 이스라엘에 대해 더 잘 이해하면 할수록 미래에 대한 우리의 이해도 더욱 넓어질 것이다.

스가랴는 히브리 수사법을 사용하여 이스라엘을 "하나님의 눈동자"라고 묘사했다. "만군의 여호와께서 이같이 말씀하시되 너희를 노략한 열국으로 영광을 위하여 나를 보내셨나니 무릇 너희를 범하는 자는 그의 눈동자를 범하는 것이라"(슥 2:8).

생물학 용어인 "눈동자"는 눈의 중심부이다. 이것은 인간의 몸에서 가장 민감한 부분으로 하나님께서는 스가랴 선지자를 통해서 '너희가 이스라엘을 건드린다면 그것은 나의 가장 민감한 부분을 건드

리는 것이다. 너희가 이스라엘을 공격한다면 그것은 나의 눈동자를
손가락으로 찌르는 것이다. 그렇게 해보라. 그리고 무슨 일이 일어
나는지를 보라."고 말씀하신다. 적개심을 가지고 유대 백성을 해롭
게 하는 사람은 즉각 하나님의 진노를 경험하게 될 것이다.

이스라엘의 생득권

하나님께서는 마치 부모가 그 독생자를 지키듯이 이스라엘을 지켜
주신다. 이스라엘을 축복하는 자들이 어떻게 복을 받는지 이해하기
위해서는 다음과 같은 네 가지 원리들을 이해해야 할 필요가 있다.

1. 이스라엘 나라는 하나님의 주권적인 역사로 말미암아 탄생했
다. 다른 모든 나라는 전쟁이나 인간의 선포로 말미암아 탄생
했다. 그러나 이스라엘만은 하나님께서 의도적으로 탄생시키
셨다. 따라서 하나님께서는 이 땅 위에서 기업을 가지게 된
것이다(사 19 : 25).

무슨 권리로 그렇게 하셨는가? 소유권으로 그렇게 하신 것
이다. 하나님께서 세상을 창조하셨다(창 1 : 1). 그리고 그분
이 선택한 자에게 자신의 것을 주신다(출 19 : 5). 하나님께서
는 아브라함과 이삭과 야곱과 그들의 후손에게 이 땅의 특별
한 부분을 주셨고, 하나님께서는 영원히 지지하시겠다고 맹
세하신 피의 언약에 인을 치셨다(창 15 : 18-21).

2. 하나님께서 이스라엘 나라의 지리적 경계선을 세우셨다. 이

스라엘의 국경선은 하늘에 계신 아버지께서 명령하신 대로 성경에 자세히 묘사되어져 있다. 신적 측량사가 유대 땅에 말뚝을 박으시고, 아무도 그 경계선을 변경하지 못하게 하셨다. 부동산 계약서와 땅의 언약들이 피로 인 쳐지고 지금 이 시간까지 고수되어진다. 유대인들은 하나님의 명령대로 이스라엘 땅, 특히 예루살렘에 대한 절대적인 권한을 가지고 있다.

3. 이스라엘은 하늘에 스파이를 갖고 있다. 시편 기자는 "이스라엘을 지키시는 자는 졸지도 아니하고 주무시지도 아니하시리로다"(시 121 : 4) 라고 기록했다. 세상의 그 어떤 나라도 이스라엘을 지키는 방어력을 당할 수가 없다. 천사장 미가엘은 이스라엘을 지키라는 특별한 사명을 받았다(단 10 : 13, 21, 12 : 1; 계 12 : 7). 그의 초자연적인 힘은 이 땅의 어떤 군대의 군사력보다 훨씬 더 강하다. 여호와께서 어두운 밤에 이스라엘, 특히 예루살렘을 불꽃같은 눈으로 지켜보신다.

4. 번영이나 징벌은 우리가 이스라엘을 어떻게 대접하느냐에 달려 있다. 하나님께서 아브라함과 언약을 맺으신 순간 전능하신 하나님께서는 그에게 놀라운 약속을 해 주셨다. "너를 축복하는 자에게는 내가 복을 내리고 너를 저주하는 자에게는 내가 저주하리니 땅의 모든 족속이 너를 인하여 복을 얻을 것이니라 하신지라"(창 12 : 3).

성경의 선언들 중에서 이보다 더 분명하고 결정적인 것은 없다. 하나님께서는 아브라함의 자손들의 친구들에게 미소를 지으신다. 그리고 그들은 하늘의 은총을 누리게 된다.

그와는 대조적으로, 하나님께서는 반유대적 행동에 대해 가혹하고도 최종적인 심판을 내리신다. 이 네 번째 원리는 국가의 모든 시민에게 지극히 중요하다. 국가의 경제 정책이 아무리 현명하고, 군사적 준비가 아무리 광범위할지라도, 국가가 취할 수 있는 가장 중요한 행동은 이스라엘을 진심으로 돕는 것이다. 또한 하나님의 편이 될 수 있는 가장 빠르고도 효과적인 방법은 그들이 어려운 지경에 처해 있을 때, 이스라엘과 유대 백성 편에 서는 것이다.

복 받는 비결

하나님께서는 이스라엘이나 유대 백성을 축복한 사람들을 복 주신다. 이 원리는 창세기 29-31장에 나오는 야곱과 라반의 이야기에서 증명되어진다. 야곱은 아름다운 라헬과의 결혼을 조건으로 라반을 위해 7년 동안 일해 주기로 했다. 그러나 라반은 야곱을 속이고 그에게 라헬 대신 수수하게 생긴 딸 레아를 주었다. 야곱은 라헬을 얻기 위해 또다시 7년 동안 일해야만 했다.

야곱이 라반을 위해서 일하는 동안 하나님께서는 속임수를 쓴 이방인, 즉 라반에게 크게 복을 주셨다. 야곱이 14년 동안 봉사한 후에 떠나기를 허락해 달라고 요청했을 때, 라반은 다음과 같이 대답했다. "여호와께서 너로 인하여 내게 복 주신 줄을 내가 깨달았노니 네가 나를 사랑스럽게 여기거든 유하라"(창 30 : 27). 하나님께서는 야곱을 통해서 이방인 라반에게 복을 주셨다.

요셉의 이야기는 하나님께서 유대인들을 축복한 이방인들을 어떻게 복 주셨는지에 대한 또다른 좋은 사례다. 요셉은 질투심을 느낀 형제들에 의해 애굽 땅으로 팔려간 10대의 유대인이었다. 때가 되자 요셉은 하나님께서 주신 지혜로 감옥에서 권력의 정상에 올라가 애굽의 총리가 되었다. 그리고 하나님께서 일련의 꿈들을 통해서 7년 동안 풍년이 든 뒤, 7년 동안 전세계적으로 흉년이 들 것을 요셉에게 계시해 주셨다. 바로 왕은 요셉의 손에 반지를 끼워 주고 그의 목에 금 목걸이를 걸어 주었다. 바로 왕은 유대인 노예 요셉을 그 땅에서 두 번째로 권력을 가진 사람으로 만들어 주었다.

요셉은 7년 동안 풍년이 들었을 때, 곡식을 저장함으로써 애굽이 기근에 대비할 수 있게 했다. 애굽은 권력의 정점에 있었으며, 식량을 통해 세계 경제를 통제했다.

어떻게 해서 그런 일이 가능했는가? 초자연적인 계시를 받은 한 사람의 유대인이 이방인의 세계를 기근으로부터 구해 주었다. 하나님께서 유대인을 통해 이방인들을 복 주셨던 것이다.

예수님께서도 "구원이 유대인에게서 남이니라"(요 4 : 22)고 말씀하셨다. 예수님께서는 유대인들이 기독교에 대해서도 공헌할 것을 암시하셨다. 왜냐하면 유대인이 없으면 기독교도 없기 때문이다. 예언자들, 족장들, 사도들, 성경을 쓴 사람들(헬라인인 누가는 예외), 마리아, 요셉, 그리고 예수님 이 모두가 유대인들이다.

누가복음 7장에서 우리는 치유하는 랍비, 예수 그리스도에 대한 소문을 들은 로마 백부장에 대해 읽을 수 있다. 그는 예수님께서 자기 집에 오셔서 병든 종을 위해 기도해 주시기를 원했다. 그러나 의로운 유대인이 이방인의 집에 들어가는 것은 금지되어 있었다. 백부장은 유대 장로들에게 어떻게 하면 예수님을 자기의 집으로 초대해서 자기 종을 위하여 기도하게 할 수 있는지 물어 보았다.

유대 장로들은 무슨 논리로 백부장을 도와주라고 예수님을 설득했는가? 그들은 "저가 우리 민족을 사랑하고 또한 우리를 위하여 회당을 지었나이다"(눅 7 : 5) 라고 말했다. 이 백부장은 실제적인 행동으로 이스라엘과 유대 백성을 축복했다. 그래서 예수님께서는 백부장의 종을 위하여 기도해 주셨으며, 종은 치유되었다.

사도행전 10장에서는 가이사랴에서 살고 있던 로마 백부장 고넬료가 유대 백성에게 자비를 베풀고 모든 유대인 중에서 좋은 평판을 얻고 있었다고 말한다. 고넬료는 의인이며, 유대인을 축복하는 원리로부터 유익을 얻었다. 그러면 그의 가장 큰 축복은 무엇이었는가?

하나님께서는 사도 베드로에게 네 귀에 매어 하늘에서 내려오는 보자기의 환상을 보여 주셨다. 그 보자기 속에는 모든 종류의 네 발 달린 짐승들과 야생 동물들과 기는 것들과 공중의 새들이 들어 있었다. 이 환상은 영적인 문제에 있어서 유대인들이 부정한 이방인들과 연합하는 것을 금지하는 종교적 장벽을 상징했다. 하나님의 메시지를 이해한 베드로는 즉시 고넬료의 집으로 가서 복음을 전했다. 그러자 그 집안에 있던 사람들이 구원을 받고 성령 충만했다.

"베드로가 이 말 할 때에 성령이 말씀 듣는 모든 사람에게 내려오
시니 베드로와 함께 온 할례 받은 신자들이 이방인들에게도 성령 부
어 주심을 인하여 놀라니 이는 방언을 말하며 하나님 높임을 들음이
러라"(행 10 : 44-46)

무엇이 이것을 가능하게 만들었는가? 로마 백부장 - 이방인 - 은
유대 백성을 축복했다. 그러자 하나님께서 하늘 문을 여시고 그와
그 집에 그가 감당할 수 없을 만큼 많은 복을 부어주셨다.

미국 역사와 유대인의 축복

미국 역사를 포함하여 지구의 모든 구석과 역사의 모든 페이지에
유대인의 영향력이 침투했다. 유대인들은 신대륙을 발견하기 위한
콜럼버스의 원정에도 참여했다. 유대인인 레비 벤 게르손은 천체 고
도 측정기를 발명하여 항해에 이용했고, 유대의 지도 제작자들은 거
의 대부분의 해도를 작성했다. 콜럼버스가 나타나기 수백 년 전에
유대인들은 지구가 평평하다는 개념을 반박했다. 조하(Zohar : 14
세기경의 유대 신비교의 경전)에 콜럼버스가 나타나기 200년 전에
유대인인 모세 드 레온은 지구는 공같이 회전하며 한편이 낮으면 다
른 한편은 밤이라고 말했다.

유대인의 영향력은 미국의 발견보다 더 먼 곳까지 미쳤다. 미국
혁명이라는 특별히 어두운 시기에 조지 워싱턴과 그 미국 대륙의 군
대는 밸리 포즈의 눈 속에서 추위에 떨며 굶주리고 있었다. 식량과
무기와 탄약도 없이 그 신생국은 거의 죽을 운명에 처한 것 같았다.

그러나 필라델피아의 유대인 은행가 하이음 살로몬이 13개 주의 유대인들로 하여금 재정적으로 돕게 하여 전쟁의 흐름을 바꾸어 놓았고, 조지 워싱턴이 영국을 이길 수 있게 해 주었다. 살로몬은 예루살렘이 다시 한번 더 이스라엘의 자녀들을 받아들일 때까지 미국이 유대인들의 약속의 땅이 될 수 있을 것이라고 믿었다.[1]

데이비드 앨런 루이스는 다음과 같이 적고 있다.

"살로몬은 자기의 개인적인 재산을 기부했다. 그 외에도 사업을 통해 많은 돈을 벌어 유럽과 미국의 시장에서 유가 증권(사법상의 재산권을 표시한 증권; 어음·수표·채권·증권 등)과 주식을 사들였다. 그는 부자가 되어 사랑하는 아내와 자식들에게 좋은 부동산을 남겨 줄 수도 있었다. 그러나 그는 45세 때에 돈 한푼 없이 병들어 죽었다… 그는 자기가 가진 모든 것을 기부했다. 그리고 지금 그의 시신은 필라델피아의 무덤 속에 외로이 묻혀 있다."[2]

하이음 살로몬이 우리의 신생국에 얼마나 많은 돈을 빌려 주었는지는 아무도 정확하게 알지 못한다. 그러나 보고서에 따르면 60만 달러에서 80만 달러에 이른다. 그것을 약 70만 달러로 추정할 때, 그 이자를 222년 동안 분기별 7% 복리로 계산한다면 미국은 하이음 살로몬의 상속자에게 2조 5,000억 달러의 빚을 지고 있는 셈이다. 이스라엘에 대한 미국의 원조로도 유대인들에 대한 빚을 다 갚지 못하고 있는 것이다.

조지 워싱턴은 미국의 탄생에 대한 유대인의 공로가 너무나도 감사해서 미국의 1달러 지폐에 들어 있는 독수리 머리에 유대인에게 감사하는 표시를 새겨 넣게 하였다. 자세히 살펴본다면 독수리의 머리 위에 유대 성막의 지성소 시은좌 위에 있는 세키나 영광의 찬란한 빛으로 둘러싸인 다윗의 별을 볼 수 있을 것이다.

1달러 지폐를 뒤집어서 엄지손가락을 독수리의 머리 위에 얹는다면 방패가 이스라엘의 일곱 금 촛대가 될 것이다. 또한 엄지손가락으로 방패를 완전히 가린다면 하누카 촛대의 불꽃을 상징하는 아홉 깃털을 가진 꼬리가 나타날 것이다.

그러나 상징은 그것으로 끝나지 않는다. 이스라엘에게 있어서 13이라는 숫자는 중요한 의미를 가지고 있었다. 레위 족속을 포함시킨다면 이스라엘에는 13개의 지파들이 있었다. 13이라는 숫자는 또한 소년 소녀들이 성인이 되는 나이였다. 다시 한번 1달러짜리 지폐를 보자. 독수리의 오른쪽 발톱에 있는 올리브 나무 가지에는 13개의 잎들이 있으며, 왼쪽 발톱에는 13개의 화살들이 있다. 방패에는 13개의 줄이 있으며, 구름 속에는 13개의 별들이 있는데, 그것은 13개 주를 상징한다. 1달러짜리 지폐를 가지고 있는 미국인들은 이스라엘을 통해 "이 땅의 모든 나라가 복을 받을 것"이라는 사실을 끊임없이 상기하게 될 것이다.

미국을 세운 조상들 중의 한 사람인 존 애덤스도 유대인들을 존중했다. 그의 친구 반 데르 켐프에게 보내는 편지에서 그는 다음과 같이 썼다.

볼테르(열렬한 반유대주의자)의 주장에도 불구하고 나는

다른 어떤 나라보다도 히브리인들이 사람들을 교화하기 위해 더 많은 일을 했다고 주장합니다. 만약에 내가 무신론자며 맹목적으로 영원한 운명을 믿는다면, 그 운명이 유대인들로 하여금 모든 나라를 교화시키는 필수적인 도구가 되게 했다고 믿어야만 할 것입니다. 나는 유대인들이 온 인류에게 지극히 광대하고, 지적이며, 현명하고, 전능하신 우주 주권자의 교리를 보존하고 전파하게 되었다고 믿습니다. 나는 그것이 모든 도덕, 그리고 결과적으로 모든 문명의 필수적인 원리라고 믿습니다.[3]

친유대적 목소리들
윈스턴 처칠 경

영국의 유명한 정치가요, 군인이요, 저술가인 윈스턴 레오나드 스펜서 처칠 경은 일생 동안 하나님의 복을 누리면서 살았다. 그는 지적이었을 뿐만 아니라 직관적인 사람이기도 했으며 그는 독일 나치의 위협에 대해 최초로 공개적인 경고를 했다. 그러나 불행하게도 아무도 그의 말에 주목하지 않았다.

1940년 제2차 세계 대전이 발발하기 7개월 전에 처칠은 영국의 수상이 되었다. 그의 감동적인 연설과 열정과 히틀러와의 타협을 거부한 것은 영국 군대의 사기를 높여 주었고, 그 나라가 적에 대항할 수 있게 해 주었다. 1941년 6월에 독일이 러시아를 침공한 이후에 처칠은 영국 라디오를 통해서 히틀러가 새로 정복한 땅에 들어갈 때, "그의 통상적인 배신 절차는 주도면밀한 관찰을 받게 될 것이라"고 통렬하게 비난했다.

처칠은 1953년에 기사 작위를 받았으며, 같은 해에 그의 저술로 인해 노벨 문학상을 받았다.

하나님께서 윈스턴 처칠을 복 주신 이유는 무엇인가? 그것은 부분적으로 처칠이 하나님의 눈동자, 즉 유대인을 사랑했기 때문이라고 믿는다.

이스라엘 국가가 세워지기 40년 전인 1908년에 처칠은 팔레스타인의 "인종적, 정치적 중심지"를 회복시키기 위한 "유대인의 역사적 열망에 공감한다."고 말했다.[4]

1954년에 처칠은 일단의 미국 기자들에게 다음과 같이 말했다. "나는 시오니스트입니다. 그 점을 분명히 해 두겠습니다. 나는 밸푸어 선언(독립 영국의 외무성 장관인 밸푸어가 이스라엘, 즉 유대 국가의 설립을 지지한다고 선언)을 지지합니다. 그리고 그것을 위해 성실하게 일했습니다. 그들이 효과적으로 나라를 세워 사막을 비옥한 정원과 번창하는 도시로 바꾸고, 히틀러의 박해하에서 고난을 당하는 수백만 명의 동족들에게 피난처를 제공해 주는 것은 매우 좋은 일이라고 생각합니다." 그는 히틀러의 공포 통치 시기에 영국으로 들어오는 유대인들의 숫자를 제한하는 백지(White Paper) 정책에 반대했다. 처칠은 예루살렘의 운명에 대해서도 간결하게 논평했다. "예루살렘을 유대인들에게 돌려주어야 한다. 그 곳을 유명하게 만든 것이 바로 그들이기 때문이다."[5]

차임 바이츠만

제1차 세계 대전 동안에 연합군이 승리할 전망이 불투명하고 서방 세계의 자유가 백척간두에 달려 있었을 때, 영국 해군에게 탄약이 떨어졌다. 해군 제1사령관이었던 윈스턴 처칠 경은 유명한 유대인 화학자 차임 바이츠만과 접촉하여 도움을 청했다. 처칠은 바이츠만에게 30,000톤의 합성 아세톤을 만들어 영국이 코르다이트 폭약을 만들게 할 수 있는지를 물었다. 바이츠만은 자기의 천재성과 에너지를 사용하여 합성 아세톤을 생산했으며, 영국은 공해상에서 우위를 확보할 수 있었다.

영국과 연합군을 도와준 대가로 무엇을 원하는지 물었을 때, 바이츠만은 "내가 원하는 것은 단 한 가지입니다. 나의 민족이 국가를 가지는 것입니다." 라고 대답했다. 1917년 11월 2일에 영국 외무성 장관인 아더 J. 밸푸어가 "밸푸어선언"을 발표했다. 그것은 세계의 유대인들에게 고향 땅으로 돌아가게 해 주겠다는 약속이었다. 그 선언에는 다음과 같은 내용이 들어 있었다. "영국 정부는 팔레스타인에 유대인 국가를 창설하는 것을 지지한다. 그리고 그 목적을 달성하기 위한 그들의 노력을 활용할 것이다. 그러나 팔레스타인에 이미 거주하고 있는 비유대적 공동체의 시민적 종교적 권리를 침해하는 일은 하지 않을 것이다."[6]

바이츠만은 그의 꿈이 실현되는 것을 보았다. 그리고 1948년에 그는 이스라엘의 초대 대통령이 되었다. 자유 세계는 그에게 많은 빚을 지고 있다.

데오도르 루즈벨트

데오도르 루즈벨트는 인간 조련사로서 쓴웃음을 짓게 만드는 유머 감각을 가지고 있었다. 그것은 그가 반유대적 인사를 다룬 경우에서 가장 잘 나타난다. 1895년에 루즈벨트는 뉴욕시의 경찰 국장이었다. 어떤 반유대적 설교자가 베를린에서 뉴욕으로 와서 유대인에 대항하라는 설교를 했다. 루즈벨트는 그의 자서전에 다음과 같이 적고 있다.

"뉴욕의 많은 유대인들이 흥분했다. 그래서 나에게 그가 설교하지 못하게 하고 경찰의 호위도 해 주지 말라고 요청했다. 나는 그들에게 그것은 불가능하다고 말했다. 가능하다고 해도 그것은 바람직하지 못한 일이다. 왜냐하면 그것은 그를 순교자로 만들어 주기 때문이다. 적절한 일은 그를 조롱거리로 만드는 것이었다.

따라서 나는 한 명의 (유대인) 경사와 수십 명의 (유대인) 경찰들에게 그를 경호해 주라고 명령했다. 그는 약 40명의 유대인 경찰들의 호위를 받으며 유대인에 반대하는 연설을 했다."[7]

앨버트 아인슈타인

추축국들이 세계를 제2차 세계 대전으로 몰고 갔을 때, 하나님께서는 또다시 아브라함의 후사를 선택하시어 우주의 비밀을 계시하셨다. 미국의 이론 물리학자인 앨버트 아인슈타인은 독일 유대인으로 태어났으며, 그는 가장 위대한 물리학자들 중 한 사람이 되었다. 1914년에 그는 베를린에 있는 카이저빌헬름연구소의 물리학

교수 및 이론 물리학 과장이 되었다. 그러나 히틀러의 반유대적 정책 때문에 1934년에 나치 정부는 그의 재산을 몰수하고 그의 독일 시민권을 박탈했다. 1940년에 아인슈타인은 미국 시민이 되었으며, 1933년부터 죽을 때까지 프린스턴 어드벤스스터디연구소에서 일을 했다.

아인슈타인은 E=mc²(특수상대성이론)이라는 공식을 세상에 공포한 천재며, 반유대주의에 대해서도 잘 알고 있었다. 그는 자신의 유산에 대해 생각하면서 다음과 같이 말했다.

"만약에 나의 상대성 이론이 정확하다면 독일은 내가 독일인이라고 주장할 것이며, 프랑스는 내가 세계의 시민이라고 선언할 것이다. 그러나 나의 이론이 사실이 아니라면 프랑스는 내가 독일 사람이라고 말할 것이며, 독일은 내가 유대인이라고 선언할 것이다."[8]

1939년에 그의 친구 스질라드가 원자력에 대한 새로운 연구를 시작했을 때, 아인슈타인은 플랭크린 델라노 루즈벨트 대통령에게 다음과 같은 메시지를 보내어 원자 에너지를 폭탄으로 사용될 가능성을 검토하라고 촉구했다.

"페르미와 스질라드의 최근의 업적이 나에게 전달되어졌습니다. 가까운 미래에 우라늄 원소가 새롭고도 중요한 에너지원으로 전환될 수 있을 것으로 전망됩니다. 그 상황의 어떤 측면들은 경계를 요구합니다. 필요하다면 정부에서 신속한 조치를 취해야만 합니다. 지난 4개월의 과정에서, 대량의 우

라듐으로 핵 연쇄 반응을 일으키게 할 수 있다는 점이 분명해
졌습니다. 그것으로 인해 거대한 힘과 많은 양의 라듐과 같은
원소들이 생성될 것입니다. 이 새로운 현상은 폭탄의 제조로
이어질 수도 있습니다."[9]

비록 아인슈타인이 평화주의자로서 원자 폭탄의 사용을 반대했을
지라도, 그의 업적의 결과로 해리 트루먼 대통령이 원자 폭탄의 사
용을 결정하게 되었다. 트루먼은 일본의 군사 지도자들이 최후의 한
사람까지 전쟁을 수행할 준비를 하고 있다는 사실을 알고 선택의 여
지가 없다고 생각했다. 그의 결정은 수많은 미국인들의 생명을 구했
으며 제2차 세계 대전을 종식시켰다.

기타 친유대적 목소리들

비록 악의에 찬 반유대주의가 만연해 있을지라도, 역사상 많은 사
람들은 기꺼이 유대인들을 지지했다. 누가 코리 텐 붐과 그녀의 가
족들의 사례를 잊을 수 있겠는가? 그들은 폴란드에서 유대인들을 자
기 집에 숨겨준 죄로 생명이 위태롭게 되었다. 코리와 그녀의 가족
들은 유대인 피난민들을 숨겨준 죄로 나치 수용소로 보내졌고 그녀
의 아버지와 언니는 수용소에서 굶어 죽었다. 코리는 사무 착오로
석방되어 폴란드의 자기 집으로 보내졌다. 지금도 예루살렘의 야드
바셈 센터 외부에 있는 의로운 이방인의 길에는 그녀를 기리는 나무
가 자라고 있다.

1894년에 프랑스 첩보 기관은 프랑스 군인이 독일에게 군사 기밀을 팔아 넘겼다는 사실을 적발했고, 첩보원으로 유대인인 알프레드 드레이퓌스 대위가 스파이로 지목되었다. 비록 모든 증거가 다른 군인의 유죄를 가리키고 있었을지라도 군사 법정은 그에게 종신형을 선고했다.

다행히도 몇몇 용감한 사람들이 그와 같이 부당한 일을 그냥 넘기지 않았으며, 소설가 에밀 졸라는 그 사건이 묻히기를 거부했다. 그는 다음과 같이 썼다. "드레이퓌스가 무죄가 아니라면 나의 모든 말들이 사라져도 좋다. 나는 나의 조국이 거짓과 불의 가운데 남아 있기를 원하지 않는다. 언젠가는 프랑스가 그 명예를 구해 주었기 때문에 나에게 감사할 것이다."[10]

프랑스는 그렇게 했다. 비록 프랑스 군대와 정부 기관들과 카톨릭 교회가 혹독하게 반대했을지라도 드레이퓌스 사건은 재심을 받게 되었고, 그는 석방되어졌다. 그것은 그가 체포된 지 12년 후였다.

자세의 변화

데이비드 에이크만은 다음과 같이 썼다. "살인과 미숙한 사회적 편협으로 점철된 불관용의 수세기가 지나간 후, 최근에는 더욱 많은 크리스천들이 반유대주의에 있어서 기독교의 역사적 역할에 대해 자백하고 있다. 그리고 그들은 그것에 대해 회개하고 있다."[11]

에이크만은 타임지와의 편지에서 최근에 많은 크리스천들이 유대인에 대한 사랑을 체험하기 시작했다고 밝혔다.

그와 동시에 이스라엘에게 매혹되고 또 말세가 임박했다는 인식 때문에 많은 크리스천들이 일반적으로 유대인을 "그리스도를 죽인 자들"로 보지 않고, 구약 시대 못지 않게 오늘날에도 하나님의 택한 백성이요, 하나님의 사랑을 받는 자들로 보기 시작했다. 그러나 모든 유대인이 그들에 대한 크리스천들의 인식의 변화, 즉 "원수"로부터 하나님의 목적을 달성하기 위한 "도구"로 변화된 것에 대해 편안하게 느끼지는 않았다. 결국 신학이 그들을 향한 크리스천들의 반감의 원인이었고, 신학이 그런 칭찬을 나왔다. 그렇다면 만약에 다시 한번 더 신학이 변한다면 무슨 일이 일어나겠는가?[12]

반유대주의는 죄다. 그리고 죄는 영혼을 저주한다!

1963년에 죽은 교황 요한 23세는 유대인들이 카톨릭 교회로부터 받은 사과들 중에서 가장 공개적인 사과를 했다. 그는 죽기 직전에 다음과 같은 기도를 발표했다.

"우리는 지금 수세기 동안의 맹목성이 우리의 눈을 흐리게 만들어, 하나님의 택한 백성의 아름다움을 보지 못하고, 그들의 얼굴에서 장자의 특징을 찾아내지 못했다는 사실을 깨닫는다. 우리의 이마에 가인의 낙인이 찍힌 것을 깨닫는다. 우리가 그의 사랑을 망각했기 때문에 수세기 동안 아벨을 피와 눈물 속에 눕혀 놓았다. 우리가 부당하게 유대인들의 이름에

피부은 저주를 용서해 주오. 우리의 저주로 당신들을 두 번째
로 십자가에 못박은 것을 용서해 주오."[13)

모든 인류를 위한 유대인의 축복

인류가 유대인들로 말미암아 축복을 받았다는 사실은 결코 부인할
수 없다. 카시미르 풍크는 비타민을 발견했다. 아브라함 야코비는
미국소아과학회의 창시자며, 후두경을 발명했다. 요나스 소크는 소
아마비 백신을 개발했다. 유대인 안과 의사인 이삭 하이예스는 미국
의학협회를 창설했다. 요셉 골드버그는 영양학의 기초를 놓았으며,
시몬 바룩은 맹장 수술을 처음으로 성공시킨 의사다.

에밀 베르린너는 마이크와 축음기를 발명했다. 다른 유대인들은
계산기, 합성 고무, 석유를 발명했다.

당신은 알지도 못하는 사이에 유대인들의 작품을 얼마나 많이 즐
겼는가? 오락과 뉴스를 통해서 우리의 삶을 풍성하게 만든 많은 유
대인들에 대해 생각해 보자. 더글러스 페어뱅크스, 캐리 그랜트, 커
크 더글러스, 폴 뉴먼, 셀리 윈터스, 제임스 칸, 조지 세갈, 골디
혼, 더스틴 호프만, 피터 셀러스, 데브라 윈저, 로렌 바콜, 존 하우
스먼, 마델린 칸, 바브라 스트레이샌드, 대니 캐이, 에드워드 로빈
슨, 토니 커티스, 롯 스타이거, 토니 랜달, 잭 클루그만, 할 린든,
피터 포크, 에드 아스너, 론 그린, 조지 번스, 그레이시 앨런, 데이
비드 잔센, 잭 베니, 미가엘 란돈, 린다 라빈, 테드 코펠, 하워드 코
셀, 바바라 월터스, 마이크 왈라스, 래리 킹, 앤 랜더스 등이다. 이

사람들은 "너를 통해서 이 땅의 열방들이 복을 받을 것이니라."는 말씀의 살아 있는 증거들이다.

세계는 하나님의 백성에 의해서 축복을 받았다. 그리고 이제는 우리가 유대인들을 축복해 주어야 할 시간이다. 우리는 이스라엘을 위해서 기도하고 예루살렘을 평화스럽게 유지하는 것을 도와줌으로써 시작할 수 있다. 시편 기자는 "예루살렘을 위하여 평안을 구하라 예루살렘을 사랑하는 자는 형통하리로다"(시 122 : 6) 라고 적고 있다. 하나님께서는 이스라엘 국가나 유대인들을 축복하는 사람, 교회, 나라를 축복해 주시겠다고 분명히 약속하셨다.

애굽의 요셉 시대부터 미국의 아인슈타인 시대까지 하나님께서는 유대인들을 세계를 축복해 주는 역사의 주요 길목에 배치하셨다. 그리고 내가 당신에게 전할 소식을 가지고 있는데, 그것은 하나님께서 아직 그 일을 끝내지 않으셨다는 점이다. 이스라엘 백성들과 그들의 거룩한 도성은 다가오는 세계의 드라마에서 그 주요한 역할을 다할 것이다.

주(註)

1. David Allen Lewis, Israel and the USA, Restoring the Lost Pages of American History: The Story of Haym Salomon, Forgotten Patriot (Springfield, MO: Menorah Press, 1993), pp. 3-10.

2. David Allen Lewis, op. cit, p. 10.

3. John Adams guoted in Rabbi Joseph Telushkin's Jewish Wisdom, op. cit, p, 498.

4. Dr. Yoav Tenembaum, "The Last Romantic Zionist Gentile," ©

Jan-uary 1996, Jewish Post of New York Online.

5. Dr. Yoav Tenembaum, op. cit.

6. The People's Chrondogy is licensed from Henry Holt and Company, Inc.

7. Theodore Roosevelt quoted in Rabbi Joseph Telushkin's Jewish Wisdom, op. Cit, p. 499.

8. Albert Einstein quoted in The New York Times, February 16, 1930.

9. The People's Chrondogy is licensed from Henry Holt and Company, Inc.

10. Emile Zola, L'Aurore, Feb 22, 1898 quoted in Rabbi Joseph Telushkin's Jewish Wisdom, op. Cit, p. 496.

11. David Aikman, "For the Love of Israel," © 1996, Strang Communications.

12. David Aikman, op. cit.

13. Pope John XXIII quoted in Rabbi Joseph Telushkin's Jewish Wisdom, op. Cit, p. 469.

03

이스라엘을
저주한 사람들

이스라엘에게 반대하여 목청을 높이는 사람이나 나라는 하나님의 진노를 불러일으킨다. 하나님께서 아브라함에게 해 주신 약속의 후반부는 다음과 같다. "너를 저주하는 자에게는 내가 저주하리니"(창 12 : 3).

역사가 이 진리를 증명하고 있다. 하나님께서는 당신이 유대인들에게 행한 대로 갚아 주실 것이다.

애굽

애굽(Egypt)의 비옥한 땅은 온 세상이 부러워할 정도로 많은 부를 생산했다. 애굽 사람들은 오늘날까지 우리가 놀라움으로 연구하고 있는 피라미드를 세웠다. 그러나 출애굽기의 바로 왕은 아브라함의 자손들을 노예로 삼고 어깨에 짐을 지워 주었다. 그들의 아들들을 죽이고 고된 노동으로 그들의 정신을 말살시키려 했다.

그러나 하나님께서는 모세를 구원자로 보내 주셨다. 이스라엘 백성들이 홍해를 건널 때, 하나님께서 애굽의 아들들을 한꺼번에 물에 빠뜨려 죽이셨고 결국 바로 왕의 막강한 군대는 하나님의 진노를 받았다. 바로 왕 자신도 얼굴을 위로 한 채 바다에 떠다녔고 애굽 태양의 열기로 인해 기괴하게 부풀었다. 시력을 잃은 그의 눈은 볼 수도 없고 알지도 못하는 하나님을 응시하고 있었다. "여호와가 누구관대 내가 그 말을 듣고 이스라엘을 보내겠느냐?"라는 그의 거만한 말은 하나님의 심판을 받았다. 한 때는 세상에서 가장 강력했던 사람이 물고기 밥이 되었다!

하나님께서 애굽이 이스라엘에게 한 대로 갚아 주셨다.

아말렉 사람들

이스라엘 자손들이 광야에서 나왔을 때, 아말렉 사람들은 르비딤이라는 곳에서 이스라엘과 싸웠고(출 17 : 8), 그들의 목적은 이스라엘을 완전히 멸망시키는 것이었다. 하나님께서는 진노하셔서 모세에게 다음과 같이 말씀하셨다. "이것을 책에 기록하여 기념하게 하고 여호수아의 귀에 외워 들리라 내가 아말렉을 도말하여 천하에서 기억함이 없게 하리라 모세가 단을 쌓고 그 이름을 여호와 닛시라 하고 가로되 여호와께서 맹세하시기를 여호와가 아말렉으로 더불어 대대로 싸우리라 하셨다 하였더라"(출 17 : 14-16).

아말렉 사람들에게 무슨 일이 일어났는가? 700년 후에 사울이 이스라엘의 왕이 되었을 때, 하나님께서 사무엘을 사울 왕에게 보내 다음과 같은 메시지를 전하셨다. "만군의 여호와께서 이같이 말씀하시기를 아말렉이 이스라엘에게 행한 일 곧 애굽에서 나올 때에 길에서 대적한 일을 내가 추억하노니 지금 가서 아말렉을 쳐서 그들의 모든 소유를 남기지 말고 진멸하되 남녀와 소아와 젖먹는 아이와 우양과 약대와 나귀를 죽이라 하셨나이다"(삼상 15 : 2-3).

하나님께서는 아말렉이 이스라엘에게 행한 대로 갚아 주셨다.

하만

구약의 히틀러인 하만은 에스더서에서 바사에 살고 있던 유대인들을 말살시키려는 계획을 세웠다. 그 당시 대부분의 유대인들은 바사의 통제하에 살고 있었다. 하만이 성공했더라면 대량 학살을 불러와 유대인 저자들이 성경책도 기록하지 못하고 예수님도 태어나지 못했을 것이다. 하만은 자기가 가장 싫어하는 유대인인 모르드개를 교수형에 처할 계획을 세웠다. 그러나 하만과 그의 아들들은 아브라함의 후사를 처형하기 위해 세운 바로 그 교수대에 달려 죽었다.

하나님께서는 하만이 유대인들을 처형할 계획을 세운 그대로 갚아 주셨다.

스페인

소위 황금 시대 동안에 스페인은 14세기에 세계적인 파워를 가지고 있었다. 그 나라에는 85만명 이상의 유대인들이 살고 있었다. 그것은 그 나라에 크게 공헌할만한 숫자였다. 그러나 1492년에 이사벨라 여왕이 귀족 정치를 정화하고자 했을 때, 스페인 왕실은 추방령을 내렸다. 귀화하기를 원하는 유대인들은 스페인에 남아 있을 수 있었으나, 다른 모든 유대인은 죽음의 고통을 느끼며 즉시 떠나야만 했다.

콜럼버스가 대서양을 가로질러 신세계를 발견한 것과 동시에 아브라함의 후사들은 스페인을 떠났다. 그런데 그 신세계는 유대인들을 위한 또다른 항구가 되었다. 황금 시대가 끝나자 스페인은 역사의 무덤 속으로 사라졌다. 스페인은 애굽과 아말렉이 배운 것과 같은 교훈을 배웠다.

존 필립스는 다음과 같이 말했다. "히틀러가 등장할 때까지 유대인들이 스페인에서만큼 광범위한 박해를 받은 적은 없다. 스페인 제국의 쇠퇴는 스페인이 유대인들을 추방한 시기부터 시작되었다."[1]

영국

영국의 유대인 정책은 이리저리 흔들렸다. 한때는 나이나 성별에 관계없이 영국에 살고 있는 모든 유대인이 투옥되었고 모든 재산을 몰수당했다. 또다른 시기에 그들은 영국에서 추방당하여 400년 동안 돌아오지 못했다.

보다 최근의 역사에서 영국은 대량 학살을 피한 유대인들이 이스라엘로 들어가지 못하게 막는 악명 높은 백지(White Paper) 정책을 공포했다. 영국은 강제로 히틀러와 나치 죽음의 수용소를 피하기 위해 이스라엘로 간 유대인들을 체포했고, 그들을 체포하여 유럽으로 보내 죽게 했다.

제한된 무기만을 가졌으나 끈질긴 정신을 소유했던 팔레스타인의 유대인들은 동료 유대인들의 죽음을 막기 위해 영국에 대항하여 용감하게 싸웠다. 메나헴 베긴이 이끄는 유대인 저항 단체는 영국과 싸워 교착 상태에 빠뜨렸다.

1947년 유엔에 파견된 영국 대사는 이스라엘이 국가가 되는 것에 반대하는 표를 던졌다. 영국의 거부권 행사에도 불구하고 이스라엘이 국가가 되었을 때, 영국 관리들은 아랍 군대로 하여금 군사적인 공격을 가해 이스라엘 국가의 탄생을 저지하고자 했다.

영국의 영향력과 위신은 유대인 정책에 따라 흥망 성쇠를 거듭했다. 한때 "태양이 지지 않는 나라"라며 자랑하던 왕국이 지금은 매우 작은 왕국이 되고 말았다.

아돌프 히틀러

아돌프 히틀러에 대해 생각해 보자. 로마 카톨릭 교회의 지도자였던 히틀러는 유대인에 대해 다음과 같은 모독적인 성명을 발표했다.

- 유대인의 심장에는 반역자의 피가 흐른다.
- 7살이 넘은 유대인 아이는 부모의 동의 없이도 세례를 받을 수 있다.
- 카톨릭교인은 유대인 예배에 참석할 수 없다.

· 카톨릭교 여인은 유대인 아기의 유모가 될 수 없다. 그것은
  교회를 모독하는 행위다. 그것은 마귀가 성령과 접촉한다는
  것을 의미한다(히틀러의 견해에 따르면, 물론 유대인 아기는
  마귀였다).

· 카톨릭교인은 유대인과 함께 음식을 먹어서는 안 된다.

· 기도할 때에 유대인을 "배신자" 라고 불러야 한다.

· 유대인은 군인이 될 수 없다. 유대인은 오직 세탁업자,
  넝마주이, 행상인, 사채업자 등의 일만 해야 한다.

히틀러의 악행을 다시 상기시킬 필요는 없다. 600만 명의 유대인
들이 그의 손에 죽었다. 그의 종말은 어떠했는가? 그는 자살을 했
다. 무솔리니가 사후에 조롱을 당했던 것처럼 러시아가 그를 조롱하
지 못하게 하기 위해 그의 광적인 추종자들에게 자기의 시체를 불에
태우라고 명령했다.

히틀러는 죽음 가운데서 눈을 감고, 그의 영원한 심판자인 나사렛
예수라는 랍비를 만나기 위해 영원 속으로 걸어 들어갔다.

"내가 너를 저주한 자를 저주하리라."

스탈린과 유대인

존 필립스는 그의 책 「유대인 세계의 탐험」에서 러시아의 조셉 스
탈린과 유대인들에 대한 이야기를 적고 있다. 스탈린이 권력을 잡게
되었을 때, 그는 자기의 가장 강력한 라이벌이 유대인 레온 트로츠

키었다는 사실을 결코 잊을 수가 없었다. 스탈린의 공포 정치 기간 동안에 뛰어난 유대인들은 결코 박해를 피할 수가 없었다.

1953년 초, 스탈린의 비밀 경찰은 9명의 "테러리스트 의사들"을 체포했는데, 그 중의 6명이 유대인이었다. 그들이 러시아 지도자들을 살해하려는 음모를 꾸몄다는 것이다. 하지만 그것은 완전히 날조된 것이었다. 그러나 스탈린은 모든 러시아 유대인을 말살하려는 그의 목표를 진행시키기 위하여 그것을 이용할 계획을 세웠다.

스탈린은 정치국에서 유대인을 말살하려는 계획을 발표했다. 그는 러시아 유대인 의사들은 재판을 받고 모스크바에서 교수형에 처하게 할 계획이었다. 그 후 3일 동안 유대인을 말살하려는 "자발적인 폭동"이 일어났다. 그러자 정부가 개입하여 유대인들을 러시아 사람들과 분리시켜 시베리아로 추방했다. 그러나 그들 중 3분의 2는 도착하지도 못했다. "성난 러시아 사람들"이 도중에 그들을 살해했던 것이다. 시베리아에 도착한 3분의 1은 강제 노동 수용소에서 신속히 죽어갔다.

스탈린의 제안은 대경 실색케 하는 침묵과 만나게 되었고 그의 계획은 진행되었다. 그러나 9명의 의사들이 처형되기 며칠 전인 3월 5일에 스탈린은 심장마비로 죽었다.

4월 3일에 프라우다(구소련 공산당중앙위원회의 기관지 : '프라우다' 란 '진리'를 의미)지는 9명의 의사들이 무죄라고 선언했으며, 그들은 곧 석방되었다. 나는 이 상황에 대한 존 필립스의 말에 동의한다. "때때로 하나님의 시간표는 너무나도 정확하다." 하나님께서 그분의 눈동자를 지켜 주신다.

하나님의 공의를 나타내는 현대적 증거

선량한 사람들이 환난 날에 아무런 행동도 하지 않고 아무런 말도 하지 않았기 때문에 아돌프 히틀러는 600만 명의 유대인들을 조직적으로 살해했다.

1985년에 내가 체크포인트 찰리에 서서 베를린 장벽을 바라볼 때, 나의 가이드로 임명된 젊은 여군이 "해기 목사님, 하나님께서는 왜 공산주의자들이 독일 국민 주위에 장벽을 세우도록 허락하셨을까요?"라고 물었다.

나의 대답은 그녀를 깜짝 놀라게 했다. "당신의 부모들이 유대인들 주위에 장벽을 세웠기 때문에 하나님께서 공산주의자들이 독일 국민 주위에 장벽을 세우도록 허락하셨습니다." 또 나는 그녀에게 "하나님께서는 당신들이 유대인들에게 행한 대로 갚아 주셨습니다."라고 말했다.

그녀가 놀라서 입을 다물지 못했을 때, 나는 동서 베를린을 분리하고 있는 장벽을 가리켰다. "저 장벽을 보십시오. 그것은 다카우에 있는 장벽과 같은 높이며 다카우의 장벽처럼 전기 장치가 되어 있습니다. 그것의 중앙에는 망대가 있고 목을 물어뜯도록 훈련된 개들도 있는데, 다카우의 경우도 마찬가지입니다. 하나님께서는 당신들이 유대인들에게 행한 그대로 갚아 주셨습니다."

미국이 왜 이스라엘을 지지해야만 하는가? 하나님의 복이 그것에

달려 있기 때문이다. 우리는 이스라엘의 모든 정치적 입장에 대해
동의해야 할 필요는 없다. 그러나 만약에 우리가 하나의 나라로서
의도적으로 이스라엘을 슬프게 한다면 하나님의 진노에 직면하게 될
것이다.

하나님께서 유대인을 보호하심

마크 트웨인은 1898년 9월에 다음과 같은 글을 썼다.

만약에 통계가 옳다면 유대인들은 인류의 1%에 지나지 않
는다. 그것은 마치 은하수 속에 들어 있는 작은 별과 같다.
따라서 유대인은 별 볼일 없어야만 한다. 그러나 사실은 그렇
지 않다. 유대인은 지구 위의 다른 어떤 사람들만큼 두드러진
다. 그들의 적은 숫자에 비해서 상업적으로도 매우 중요한 위
치를 차지하고 있다. 문학, 과학, 예술, 음악, 재정, 의학, 심
오한 학문 등에서 세계적으로 크게 이름을 드러낸 사람들은
그들의 적은 숫자에 비해서 매우 많다. 애굽(이집트), 바벨론
제국(바빌로니아), 바사 제국(페르시아) 등이 일어나 온 세상
을 떠들썩하게 했지만 꿈처럼 사라져 버렸다. 그리스와 로마
제국이 그 뒤를 이어 큰 소동을 일으켰으나 역시 그들도 사라
졌다. 다른 사람들이 일어나 잠시 동안 횃불을 높이 들었으나
모두 불타 버렸고 그들은 황혼 가운데 앉아 있거나 사라져 버

렸다. 유대인들은 그들 모두를 보았다. 그리고 그들 모두를
이겼다. 과거나 현재가 항상 동일하다. 그들은 쇠퇴하지 않
고, 나이 들어 허약해지지도 않으며, 사지가 약해지지도 않
고, 에너지가 고갈되지도 않으며, 경계심이 흐려지지도 않았
다. 모든 것이 죽었지만 유대인은 그렇지 않았다. 다른 모든
세력이 사라졌지만 유대인은 남아 있다. 유대인의 불멸성의
비밀은 무엇인가?[20]

나는 그 비밀을 한마디로 설명할 수 있다. 이스라엘은 하나님의
눈동자이기 때문이다.

고대 문명들이 오늘날 어디에 있는가? 바람과 함께 사라져 버렸
다. 그것들은 학자들이나 사서들만 아는 역사적 풋노트(각주)다.
유대인들은 어디에 있는가? 그들은 이스라엘과 전세계에서 번창하
고 있다. 그 이유는 무엇인가? 이스라엘을 지키시는 분은 졸지도
않고 주무시지도 않기 때문이다. 그분은 자기가 사랑하는 자들을
지켜 주신다.

예루살렘을 위한 전투

이스라엘을 위한 전투는 이제 NCC(기독교교회협의회)의 의제가
되고 있다. 나는 NCC가 뉴욕 타임지에 낸 전면 광고를 보았다.[3] 그
광고는 평화의 이름으로 "예루살렘 분할"을 요구했다.

예루살렘 분할이라고? 결코 그럴 수는 없다. "예루살렘 분할"이란

그 거룩한 성의 통제권을 유대인들에게서 빼앗아 적어도 부분적으로 PLO(팔레스타인 해방 기구)에게 넘긴다는 의미다. 나는 "결코 그럴 수 없다."고 말했다. 내가 아랍이나 팔레스타인을 싫어하기 때문이 아니라, 메시야가 다시 오실 때, 예루살렘을 유대인들의 독점적인 통제하에 두는 것이 하나님의 뜻이라고 하나님의 말씀이 말하고 있기 때문이다. 창세기 12, 13, 15, 17, 26, 28장에 의하면 오직 유대인들만이 그 성에 대한 합법적인 권한을 가지고 있다. 그것은 나의 견해가 아니라 하나님의 견해다. 하나님께서는 UN이 어떻게 생각하는지, NCC가 어떻게 믿는지 개의치 않으신다. 하나님께서 예루살렘을 이스라엘에게 주셨다. 그러므로 그것은 그들의 것이다.

이스라엘의 크리스천 친구로서 우리는 미국 정부에 이스라엘과 유대인들에게 확고한 지지를 보내라고 촉구해야만 한다. 그들만이 예루살렘에 대한 유일하고도 합법적인 상속자기 때문이다. 이사야 62장 6-7절은 우리에게 다음과 같이 말하고 있다. "예루살렘이여 내가 너의 성벽 위에 파수꾼을 세우고 그들로 종일 종야에 잠잠치 않게 하였느니라 너희 여호와로 기억하시게 하는 자들아 너희는 쉬지 말며 또 여호와께서 예루살렘을 세워 세상에서 찬송을 받게 하시기까지 그로 쉬지 못하시게 하라"

우리가 이스라엘을 저주한 자들의 예로부터 무언가를 배울 수가 있다면 그것은 바로 다음과 같은 것이다. 즉 이스라엘이 어려운 처지에 있을 때 미국이 등을 돌린다면, 이스라엘은 살아 남을 것이나 미국은 그렇지 못할 것이라는 사실이다. 하나님께서 1929년의 대공

황과는 비교도 되지 않는 불황을 보내셔서 미국을 경제적으로 붕괴시킬 것이다.

　우리가 하나님의 궁극적인 은총을 경험하기를 원한다면, 우리가 번영을 경험하기를 원한다면, 우리가 성령의 부어 주심을 원한다면, 우리는 이스라엘을 축복해야 하며, 하나님의 눈동자를 저주하는 자들에게 반대해야만 할 것이다.

주(註)

1. John Phillips, op. cit., P. 111.
2. Mark Twain, Harper`s magazine, September 1898.
3. The New York Times, December 21, 1996, p. A5.

04
유대인들이
예수님을 십자가에
못박았다는 비난

　　인간의 기질을 물어뜯는 모든 편협 중에서 반유대주의 만큼 어리석은 것은 없을 것이다. 이러한 광인들이 보기에, 유대인들은 결코 올바른 일을 할 수 없다.

　　"유대인들이 부자가 된다면 그들은 벌레를 잡아먹는 새다. 만약에 그들이 가난해진다면 그들은 기생충이다. 그들이 전쟁을 지지한다면, 그것은 그들이 이방인들의 분규를 자신의 이익을 위해 이용하기를 원하기 때문이다. 만약에 그들이 평화를 열망한다면, 그들이 본능적으로 겁쟁이거나 반역자이기 때문이다. 그늘이 기부를 한다면(사실상 유대인들보다 더 많은 기부를 하는 사람들은 없다), 그들 자신의 이기적인 목적 때문에 그렇게 하는 것이다. 만약에 그들이 기부를 하지 않는다면 뭐라고 말할 것인가?"[1]

– 데이비드 로이드 조지, 영국 수상

역사적으로 유대인들은 박해를 받았다. 그들은 애굽에서 노예 생활을 했고, 앗수르에 의해 추방당했으며, 바벨론 느부갓네살의 공격을 받았고, 바사의 하만에 의해 거의 몰살을 당할 뻔했으며, 로마의 억압을 받았다. 유대인들이 예수님을 십자가에 못박았다는 비난은 가이사랴의 요세푸스, 시릴, 크리소스톰, 어거스틴, 오리겐, 저스틴, 제롬 등과 같은 초대 교회 교부들로부터 시작 되어졌다. 이 사람들은 유대인들에게 반대하는 거대한 캠페인을 벌였다. 그들은 유대인들을 "그리스도를 죽인 자들, 재앙을 몰고 다니는 자들, 귀신들, 마귀의 자식들, 가룟 유다만큼 사기성이 많은 피에 굶주린 이교도들"이라고 묘사했다.

교부들은 유다라는 반역자의 이름을 저주했다. 교황 겔라시우스 1세(A.D. 492-496)는 다음과 같은 철학적 설명을 했다. "성경에서 자주 유대인들 전체가 유다의 이름을 따서 불려지고 있다. 유다는 마귀, 또는 마귀의 일군으로 불려진다. 그리고 그는 그의 이름을 유대인들 전체에게 물려주었다."

예수님께서 유대인이라는 사실을 어떻게 잊을 수 있는가? 사도들이 유대인이라는 사실을 어떻게 잊을 수 있는가? 교부들이 "유대인들 전체"를 저주할 때, 그들은 사도들과 자기들이 경배하는 구세주조차도 정죄한 것이다.

로마 카톨릭의 사제며 르네상스를 주도한 인물들 중 한 사람인 데시데리우스 에라스무스는 "유대인을 미워하는 것이 훌륭한 카톨릭교인이 되는 조건이라면 우리는 모두 훌륭한 카톨릭교인들이다." 라고 말했다.

때때로 유대인들은 아무런 이유도 없이 미움을 받았다. 로마 황제 하드리안에 대한 특별한 이야기가 유대인들에 대한 그의 뿌리 깊은 증오심을 설명해 준다. 어떤 유대인이 하드리안의 앞을 지나가면서 인사를 했다. 그러자 황제가 물었다.

"너는 누구냐?"

"나는 유대인입니다." 라고 대답했다.

황제는 대노했다.

"어떻게 감히 유대인이 하드리안의 앞을 지나가면서 인사를 하느냐? 그 놈의 목을 쳐라!"

얼마 후, 그 광경을 보지 못한 다른 유대인이 황제의 앞을 지나가면서 인사를 하지 않았다. 하드리안은 그를 불러 세워 "너는 누구냐?" 라고 물었다.

"나는 유대인입니다." 라고 대답했다.

황제는 대노했다.

"어떻게 감히 유대인이 하드리안의 앞을 지나가면서 인사를 하지 않느냐? 그 놈의 목을 쳐라!"

원로원들이 말했다.

"우리는 당신의 행동을 이해할 수 없습니다. 어떻게 해서 인사를 하지 않는 사람뿐만 아니라 인사를 하는 사람도 죽일 수 있습니까?"

하드리안은 냉소적으로 대답했다.

"내가 유대인들을 다루는 방법에 대해 감히 충고를 하는 거요?"

교부들은 유대인들을 피에 굶주려 구세주를 고문한 자들, 냉혹한 살인자들, 은전 30냥 때문에 영혼을 판 반역자들, 성전을 더럽힌 환전상들, 짐승보다 잔인한 자들(그들이 그리스도의 다리를 부러뜨리기를 요구했기 때문에) 등으로 묘사하며 유대인들이 마귀의 자식들이라고 가르쳤다.

초대 교회 역사가인 가이사랴의 요세푸스는 「교회사」에서 그의 의도를 다음과 같이 선언했다. "유대인들이 구세주에 반역하는 음모를 꾸민 결과 즉시 그들에게 불행이 닥쳤다."

요세푸스는 동시대 사람들을 위한 무대를 마련했을 뿐이다. 니사의 성 그레고리는 강단에서 다음과 같이 유대인들에게 폭언을 퍼부었다.

> "주님을 살해한 자들, 선지자들을 죽인 자들, 하나님을 반대하는 자들, 하나님을 미워하는 자들, 율법을 경멸하는 자들, 은혜의 원수들, 그들 조상들의 믿음의 적들, 마귀를 옹호하는 자들, 뱀과 같은 종족들, 중상 모략하는 자들, 비웃는 자들, 마음이 어두운 데 있는 자들, 바리새인의 누룩, 귀신들의 총회, 죄인들, 사악한 자들, 의인을 돌로 치고 미워하는 자들."[2]

황금의 입

유대인들에 대한 기독교인들의 증오심은 성 요한 크리소스톰 (A.D. 345-407)의 출현으로 극에 달했다. 그는 "황금의 입을 가진 감독"으로 유명했으며, 처음으로 유대인들을 "그리스도를 죽인 자들"이라고 묘사한 사람이다. 수세기 동안 크리소스톰의 반유대적 원한은 로마 카톨릭 교회의 고전으로 간주되어졌다. 그는 "어떻게 감히 기독교인들이 가장 비열한 인간들인 유대인들과 대화를 나눌 수 있는가?"라고 썼다. 그는 계속해서 다음과 같이 썼다.

> 유대인들은 가장 가치 없는 인간들이다. 그들은 음란하고, 탐욕스럽다. 그들은 그리스도를 배신하고 살해한 자들이다. 그들은 마귀를 숭배하며, 그들의 종교는 질병과 같다. 유대인들은 그리스도의 가증스러운 암살자들이다. 하나님을 죽인 죄는 속죄도 할 수 없고 관용이나 용서를 베풀 수도 없다. 그리고 기독교인들은 결코 복수를 멈출 수 없다. 유대인들은 영원히 노예로 살아야만 한다. 하나님께서는 항상 유대인들을 증오하셨고 모든 기독교인은 유대인들을 미워해야만 한다.[3]

크리소스톰은 유대인 회당을 "창녀의 집", "도적들의 동굴", "들짐승들의 소굴", "마귀의 거주지"라고 썼다. 또한 그는 유대인들이 "그리스도의 가증스러운 암살자"이기 때문에 그들을 증오한다고 썼다. 그래서 그는 "속죄도 불가능하고, 관용이나 용서도 베풀 수 없다… 하나님께서는 유대인들을 미워하신다. 과거에도 항상 미워하셨다… 그들이 율법을 어겼기 때문에 나도 그들을 미워한다." 라고 말했다.

일반적인 증오심은 자연히 행동으로 발전한다. 종교적 신념은 깊은 감정을 조장하고, 깊은 감정은 그런 기본적인 신념을 뒷받침할 행동을 요구한다. 유대인들을 향한 기독교인들의 행동은 이해할 수 없을 정도로 격렬하게 표출되어졌다.

부활절 날에 기독교 목사가 유대인들이 그리스도를 죽였다는 복수심에 불타는 메시지로 열변을 토했을 때, 교인들이 교회 밖으로 달려나가 곤봉을 들고 유대인들을 찾아가서 그들이 예수님을 십자가에 못박은 대가로 죽도록 두들겨 팼다.

어떤 교회에서는 부활절 날에 유대인들을 교회로 끌고 와 제단 앞에서 뺨을 때리는 것이 연례 행사가 되었다. 말콤 헤이는 다음과 같이 설명하고 있다.

때때로 이 의식은 지나치고 격렬하게 거행되어졌다. 한번은 주요 사제의 역할을 맡고 있던 어떤 유명한 사람이 "배신자(불신 유대인)의 눈과 뇌를 빼내 그 자리에서 죽게 했다… 유대인 회당에서 온 그의 형제들이 시체를 교회 밖으로 끌고 나가 매장했다."[4]

증오의 물결은 중세 시대에도 계속되었다.

십자군

비록 어떤 기사들은 경건한 목적을 위해 싸우기 위해서 거룩한 순례 여행을 한 전사라는 로맨틱하고도 일반적인 개념에 어울리는 행동을 했을지라도, 대부분의 기독교인들은 비극적인 진실을 알지 못하고 있다. 사실상 십자군은 방종이라는 교황의 보호막 아래서 복무한 일시적인 군인들이었다. 제1차 십자군을 모집하면서 클레르몽 종교 회의와 교황 우르반은 지원자들이 누릴 수 있는 혜택을 발표했다. 십자군에 참여하는 것은 광범위한 회개의 행위가 되기 때문에 과거에 지은 죄 뿐만 아니라 최근에 지은 죄들까지도 용서받을 수 있다고 말했다. 다시 말하자면 십자군들은 아무런 처벌도 받지 않고 죽이고, 수족을 자르며, 약탈하고, 유대인들의 물건을 훔칠 수 있었다. 하나님께서 그들의 죄를 눈감아 주신다는 것이었다. 교회에서 파문당한 사람이라도 십자군에 참여하면 완전히 용서를 받아 다시 교회로 돌아올 수 있다는 것이었다.

십자군들은 죄의 용서뿐만 아니라 부채의 탕감도 약속받았다. 십자군에 지원한 사람에게는 유대인 채무자에게 진 부채를 탕감받았으며 기독교인 십자군들에게는 보너스로 예루살렘으로 가고 오는 길에 유대인들의 재산을 훔치는 것도 허용되었다.

제1차 십자군 전쟁 기간 동안 십자군은 전 유럽에서 유대인들의 피의 흔적을 남겼다. 3개월 동안 독일에서 12,000명의 유대인들이 살해되었다. 십자군들은 "유대인들이 우리의 구세주를 죽였다. 그들은 회개를 하거나 죽임을 당해야만 한다." 라고 외쳤다.

어떤 유대인 공동체들은 금과 은을 내놓으라는 십자군의 요구에 응함으로써 자기들의 생명을 구할 기회를 얻을 수 있었다. 하지만 그런 요구에 응할 수 없었던 사람들은 "하나님의 뜻"에 따라 처형되었다. 다른 유대인들은 회당으로 달려가 문을 걸어 잠그고 마지막 기도를 드린 후, 아내와 자식들을 죽였다. 십자군에게 고문을 당하고 또 죽임을 당하게 하지 않기 위해서였다. 아버지들은 여호와 하나님의 이름을 더럽히지 않기 위해 스스로 자살했다.

모든 십자군이 다 거룩한 땅으로 간 것은 아니었다. 교황 우르반 2세는 십자가 표시를 단 칼타란 귀족들에게 스페인에서 그들의 맹세를 이행하라고 촉구했고, 그들은 타라고나교회를 도운 대가로 방종과 죄의 용서를 약속 받았다.

전 유럽의 기독교인들을 무장시키고, 그들에게 죽이고 약탈하며 불신자라고 생각되는 사람은 누구든지 파멸시킬 수 있는 권한을 공식적으로 부여했다. 즉시 프랑스 북부 지역과 서부 독일 라인강을 따라 펼쳐져 있는 라인란트 지역의 유대인들에게 극심한 폭력이 가해졌다. 이 십자군들 중 많은 군인들은 거룩한 땅에 가서 전투를 치를 여유가 없는 가난한 사람들이었다. 그들은 잔인하고 사악하며 사나웠다. 이들은 명예와 기사도 정신으로 교육을 받은 품위 있는 기사들이 아니었다. 이들은 굶주리고 가난하며 복수심에 불타는 사람들로서 약탈과 살인에 몰두했다.

맨하임과 마인쯔 사이에 있는 도시인 웜즈의 라인란트시에는 유대인 공동 묘지가 있다. 그 무덤들 중 어떤 것들은 11세기 때부터 있었고 1096년 5월, 단 3일 동안 800명의 유대인들이 약속의 땅으로 향하던 십자군에 의해 학살당했다.

스와비아의 주요 귀족이었던 라이닌그렌의 에믹 백작의 지휘하에 있던 십자군은 유대인들을 그들의 집에서 끌어내 길거리로 끌고 다니며 회심이나 죽음 중에서 한 가지를 선택하라고 강요했다. 말콤 빌링스는 다음과 같이 적고 있다. "십자군으로서 에믹 백자의 열정은 의심할 여지가 없다. 그러나 그것은 신경질적이고도 무식한 것이었다. 그는 자기 몸에 기적적으로 십자가가 새겨졌다고 주장했다. 그의 추종자들은 성령이 임한 것으로 생각되어지는 거위의 뒤를 따라 행군했다."[5]

에믹은 웜즈에 도착하기 전에 스피어 근처에서 유대인들을 공격하기 시작했다. 그리고 마인쯔시의 전투에서 1,000명의 유대인들이 희생되었다. 빌링스는 다음과 같이 적고 있다. "지도자도 없는 농부들의 집단이 자발적으로 탐욕과 폭력을 행사한 것은 아니었다. 그런 안이한 생각은 역사가들에 의해 거부되고 있다. 그들은 스와비아, 로우 칸추리, 프랑스와 영국에서 온 많은 귀족들과 경험 많은 지휘관들이 에믹의 십자군에 합류하여 군중들을 선동했다."

비록 유대인들이 그리스도를 십자가에 못박은 책임이 있는 종족이라고 주장했을지라도, 그 귀족들은 "그리스도의 유산", 즉 예루살렘을 해방시켜야 한다는 주장이 얼마나 허망한 것인지를 증명해 주었다. 미드마르 백작은 유대인들을 죽이기 전에는 결코 독일을 떠나지 않을 것이라고 반복적으로 말했다. 빌링스는 "거룩한 땅을 향해 가는 길은 나중에 유대인들이 최초의 홀로코스트라고 묘사한 것을 통해 이루어졌다.”라고 말했다.

보우일론의 거드프리가 1099년 여름에 예루살렘을 탈취했을 때, 그와 그의 부하들은 처음 일주일 동안 유대인들을 살해했다. 900명 이상의 유대인 여자들과 어린이들이 안전을 위해 회당으로 달려갔을 때, 십자군들은 그 곳에 불을 질렀다. 거대한 불길 속에서 비명 소리가 울려 퍼질 때, 십자군은 “그리스도여, 당신을 찬양하나이다”라는 찬송가를 부르면서 회당 주위를 행군했다. 십자가를 예루살렘으로 운반한 사람들이 성만찬을 한 후에 유대인 남자와 여자들, 그리고 어린이들을 살해했다. 바로 그날 10,000명 이상의 유대인들을 죽였다. 십자군 군사들은 약탈물과 보물을 찾으면서 만나는 사람마다 남녀노소를 불문하고 죽였다. 아귈러스의 레이몬드가 거리를 지나갈 때, “산더미처럼 쌓인 머리와 손과 발을 보았다… 집들과 거리에는 사람들과 기사들이 시체 위로 이리저리 달려가고 있었다.”

믿기 어려운가? 그렇다. 하지만 악질이다! 그래서 유대인들이 십자군이라면 치를 떠는 것은 결코 이상한 일이 아니다.

월터 스코트의 위대한 고전인 「아이반호」 이야기는 십자군 기사인 템프랄이 유대인 여자를 화형틀에서 불태울 준비를 하고 있을 당시의 증오심과 만행들로 가득 차 있다. 이것은 중세 시대의 유대인들에 대한 편견의 또다른 사례다.

1208년에 교황 이노센트 3세는 다음과 같이 썼다. “예수님의 피를 흘리게 한 유대인들은 그들의 얼굴이 수치로 가득하고 그들이 주 예

수 그리스도의 이름을 구할 때까지 이 땅의 부랑자로 남아 있어야만
한다."

저서들이 학교 교재로 사용된 20세기 카톨릭 저자인 G. K. 케스
터튼은 "유대인 남녀들과 어린이들을 살해한 십자군을 성인으로 추
대할 수 없다."고 유감을 표명했다.

제4차 라테란 공의회

1215년 11월에 교황 이노센트 3세의 요구에 부응하여 제4차 라테
란 공의회가 로마에서 개최되었다. 1,000명 이상의 대표들이 모여
열띤 토론을 거쳐 카톨릭교인과 유대인 사이의 공식적인 관계를 결
정했다. 정식 선언문으로 발표된 공식적인 카톨릭 정책은 앞으로 수
세기 동안 로마 카톨릭 교회의 행동을 지지한다는 것이었다.

카톨릭교인과 유대인의 혼합과 관련하여 제4차 라테란 공의회는
모든 유대인은 "유대인 배지"를 착용해야만 한다고 선언했다. 그리
고 "사악한 혼합과 같은 죄는 더 이상 회피하거나 핑계를 댈 수 없
다. 카톨릭교인의 땅에 사는 모든 유대인은 남녀를 불문하고 특별한
의복을 입음으로써 다른 사람들과 구별되게 해야 한다. 그것은 특히
모세가 정한 것이기 때문이다."라고 선언했다.

모세에 관한 언급은 모세가 이스라엘 사람들에게 기도 숄을 만들
어 성인 남자들이 입도록 가르쳤다는 사실을 가리키는 것이다(민
15 : 37-41). 예수 그리스도께서도 13세 때부터 십자가에 못박히시
는 날까지 기도 숄을 입으셨다. 교부들은 이 가르침을 문맥에서 떼

내어, 남녀를 불문하고 모든 유대인이 옷을 다르게 입도록 강요하는 데 이용했다. 히틀러가 권력을 얻었을 때, 그도 이 오래된 정책을 이용하여 유대인들에게 노란색의 다윗의 별을 달도록 강요했으며 그것을 학대와 처형을 위해 이용했다.

또한 제4차 라테란 공의회는 유대인들은 공적인 사무실을 보유할 수 없다고 선언했다. 이 칙령의 정신에 따라 1935년 4월 7일 독일은 "직업적 시민 서비스의 재확립에 관한 법"이라는 타이틀의 법령을 통과시켰다. 이 고상하게 들리는 법은 나치가 독일의 일터에서 모든 유대인을 해고시킬 수 있는 법적 수단이었다. 하룻밤 사이에 수많은 유대인들이 일자리를 잃어버렸다.

마지막으로 제4차 라테란 공의회는 유대인들은 로마 교회에 십일조를 내야만 한다는 법을 만들었다. 유대인들이 과거에 카톨릭교인들에게 속했던 땅을 소유하고 있기 때문에 수입의 10%를 교회에 바쳐야 한다는 것이었다. 그 칙령은 다음과 같이 선언하고 있다. "동일한 재앙(사회적 경제적 보이콧)의 위협에 직면하여, 유대인들은 교회에 십일조와 부과금을 내야한다고 선언하는 바이다. 그것은 유대인들이 그것들을 소유하기 전, 카톨릭교인들의 집과 다른 재산에 대해 거둬들였던 것이다. 그래야 교회가 손실을 보전할 수 있다."

유대인들에게 십일조를 강요하는 것은 재산의 몰수와 같은 것이었다. 그러나 교회는 세입의 손실을 충당할 수 없었고, 유대인에 대한 카톨릭 교회의 핍박은 그것으로 끝나지 않았다. 1555년에 카톨릭 교회는 게토(유대인 강제 거주 지구) 시스템을 공식적으로 승인했는데, 그것은 유대인들이 카톨릭교인들과 떨어져 살아야만 한다는 것이었다. 교황 클레멘트 8세 때에는 유대인에 대한 박해가 교황청 정책의 고정적인 부분이 되었다.

스페인의 종교 재판

1235년에 알레스 공회의는 유대인들에게 노란색 원형 천 조각을 달도록 했다. 1391년에 스페인 전역에서 유대인 대량 학살 사태가 일어났고, 수천 명의 유대인들이 대량 학살을 피하기 위해 기독교로 개종했다. 그러나 스페인 사람들은 여전히 개종자들을 의심했다. 이 사람들은 유대교를 배반했기 때문에 유대인들로부터 미움을 받았으며 교회에 의해서도 멸시를 받았다. 법률이나 게토 시스템이나 교육을 통해서 새로운 개종자들을 유대교와 분리시키려는 모든 시도는 아무런 성과가 없었다.

스페인 종교 재판은 유대인들에게 있어서 청천 벽력과도 같은 것이었다. 이사벨라 여왕과 그녀의 남편 페르디난드는 세 가지 문제에 직면하고 있었다. 즉 스페인 내에서 종교적 일치를 달성하고자 하는 정치적 욕망과, 유대인들과 무슬림들을 기독교로 개종시키려는 압력의 실패, 그리고 위선적인 개종자들이 기독교 신앙을 오염시키는 것 등이었다. 다시 말하자면 스페인 사람들은 유대인들을 두려워했다. 특히 많은 유대인들이 스페인 사람들과 결혼하여 재정적인 능력과 사회적 지위를 차지하게 된 것을 두려워했다.

1474년에 이사벨라는 카스티야(스페인 중부의 옛 왕국)의 보좌에 올랐고, 1479년에 페르디난드는 아라곤(스페인 북동부의 옛 왕국)의 보좌를 계승했다. 이 두 왕국을 연합하고 귀족 정치의 우월성을 주장하기 위해 이사벨라와 페르디난드는 교황 식스투스 4세에게 종교 재판소 소장을 세워 달라고 호소했다. 프레이 토마스 드 토르퀘마다가 소장으로 임명되고 종교 재판이 재개되었다.

왕과 왕비는 스페인에 거주하는 유대인들에게 4개월의 여유를 주고 그 나라를 떠나든지 기독교로 개종하든지 결정하게 했다. 7월말 이전에 165,000 내지 400,000명의 유대인들이 스페인을 떠났다. 그들 중 많은 사람들이 그들의 사업을 버렸으며, 떠날 때에 세관들에게 엄청난 세금을 지불했다. 박해의 위협에도 불구하고 50,000명의 유대인들은 스페인에 남아 있기로 결정했다.

남아 있던 사람들은 악몽에 직면했다. 토르퀘마다의 광적인 지휘 하에, 유대인들은 히틀러의 나치 친위대가 최고 수준의 광적인 행동을 보여 줄 때까지, 세상이 다시는 볼 수 없는 수준의 고문을 받게 되었다. 누가 진실한 기독교인이고, 누가 그렇지 못한지를 결정하기 위해서 그들의 부모들이 보는 앞에서 유대인 어린이들을 질식사시켰다. 남편을 고발하게 하기 위해서 여인들의 젖가슴을 벗겨 놓고 뜨거운 인두로 지졌다. 그들의 아내와 자녀들을 거짓 개종자로 고발하게 만들기 위해 남자들을 고문대에 묶어 놓고 팔다리를 잡아늘여 극심한 고통을 느끼게 했다.

종교 재판의 일지는 어떻게 "타락한 유대인들"을 밝혀냈는지에 대한 힌트들을 열거하고 있다. 그와 더불어 불, 교수대, 고문대,

채찍, 바늘 등을 통해 유대인들의 고통을 어떻게 심화시켰는지에
대한 지침들도 기록되어져 있다. 그리스도의 이름으로 자행된 이런
잔인한 고문에 최고 수준의 전문적 기술들이 동원되어, 독일 제3제
국의 라인하드 헤이드리히와 아돌프 아이크만도 더 추가할 것이 없
을 정도였다.

　　역사가 다고베르트 루네스는 다음과 같이 적고 있다.

　　병든 여자나 임신한 여자도 그리스도의 수호자들이 휘두른
　　종교 재판의 고문 도구들을 피할 수 없었다. 개종자들의 모든
　　재산이 종교 재판소에 귀속되고 왕족들이 그것을 공평하게
　　나누어 가졌기 때문에 그것은 종교 재판을 더욱 심화시키는
　　추가적인 동기가 되었다. 고발자들은 보상을 받았다. 그 누구
　　도 성직자들이 고안한 징벌의 방법에 견딜 수 없었기 때문에
　　고발을 당한 사람은 유죄 판결을 받을 수밖에 없었다. 인간의
　　모든 부분에 대해 해부학적으로 연구하고, 고통을 가장 민감
　　하게 느끼는 부분을 발견하기 위해 실험했다.[6]

　　종교 재판과 그 공포는 수년 동안 계속되었다. 1568년에 어떤 스
페인 여인이 돼지고기를 먹지 않고, 토요일에 속옷을 갈아 입었다는
이유로 체포되었다. 이웃 사람들의 증언으로 그 여인은 체포되고 고
문을 당하여 유대인이라는 혐의를 받았다.

　　스페인 종교 재판은 "혈통의 순수성"을 의미하는 "림피에자 데 상

그레(limpieza de sangre)" 라는 용어를 낳았다. 유대인 재판에 있어서 혈통의 순수성과 인종적 배경은 주요 고려 대상이었다. 스페인 사람들은 그들의 귀족 사회를 순수하게 만들려 했기 때문에, 적어도 3대 동안 순수한 기독교 후손이라는 것을 입증할 수 없는 사람들은 말할 수 없는 고문을 당하다가 죽어야만 했다.

독일 사람들에게 3대 동안 유대인 조상이 없었다는 것을 입증할 것을 요구한 히틀러의 순수 혈통 법칙도, 히틀러가 권력을 잡기 500년 전 카톨릭 교회의 사례에서 본 따온 것이었다.

종교 개혁 시대의 편견

딘 잉게는 "독일의 가장 악한 천재는 히틀러나 비스마르크나 프레드릭 대제가 아니라 마르틴 루터다." 라고 썼다. "유대인에 대한 루터의 증오심은 그의 지적인 허영심과 그의 믿음의 활력에 의해 심화되어졌다. 그것은 그 이전이나 이후의 다른 많은 사람들과 마찬가지로, 자기의 뜻에 동의하지 않는 사람은 성령의 적이며 의도적으로 진리에 대해 눈을 감는 사람이라는 확신에 근거하고 있다."

루터도 한때는 유대인들에 대해 "우리는 우방이며 인척간이다. 그들은 우리 주님과 피를 나눈 친척이며 사촌이요 형제들이다." 라고 썼다. 그러나 이스라엘 자손들이 그의 개혁된 기독교로 개종하지 않고, 그가 로마 교회를 공격할 때, 함께 참여하지 않자 그의 견해를 바꾸었다. 루터는 유대인들에 대해 다음과 같이 말했다. "그리스도와 피를 나눈 친척들은 모두 지옥 불에 타 죽었다. 그것은 당연한 일이다. 그들 자신의 말에 따르면 그들은 빌라도에게 말을 걸었다.”

더 나아가 그는 유대인들에게 “당신들이 어떤 권리를 가지고 있는 단 하나의 성경은 암돼지 꼬리 밑에 숨겨져 있다. 당신들은 거기서 떨어지는 문자들만 먹고 마실 수 있다.”라고 말했다. 하나님의 백성들에게 이 얼마나 잔인한 모욕인가?

루터가 쓴 가장 악의적이고 증오심에 가득 찬 말은 「유대인들과 그들의 거짓말에 대해서」라는 그의 소책자에서 발견되어진다. 그 책에서 그는 “크리스천들이여, 이것을 알라. 당신들에게는 유대인들보다 더 큰 적은 없다.”라고 썼다. 그의 소책자는 유대인들은 마귀의 자식이기 때문에 노예로 삼을 것을 주장한다. 그리고 그들은 결코 크리스천의 손을 만질 수 없다고 말한다. 루터는 그들의 회당을 불지르고, 그들의 책을 파괴하며, 그들의 가정을 황폐시키고, 그들의 현금과 금은 보화를 탈취하며, 그들의 랍비들이 가르치는 것을 금하며 “그들의 입에서 그들의 언어를 제거하라.”고 요구했다. 그는 또한 다음과 같이 충고했다.

“젊고 강한 유대인 남자들과 여자들에게 도리깨와 도끼와 괭이와 삽과 실톳대와 가락을 주라. 그리고 아담의 자녀들에게 명령한 것처럼 땀을 흘림으로써 그들의 빵을 벌게 하라. 우리는 우리의 조직에서 게으른 자들을 추방해야만 한다.”

루터는 계속해서 말했다. “그러나 만약에 우리를 개인적으로 해하거나 우리의 아내나 자녀나 종이나 가축들을 해할까봐 염려가 된다면 프랑스, 스페인, 보헤미아 등과 같은 다른 나라들과 같이 현명한 결정(추방)을 해야만 한다. 그들이 우리에게서 강탈해간 것을 도로 빼앗아 공정하게 나누어 가진 후, 그들을 우리 나라에서 영원히 추방해야만 한다. 간단히 말하자면 당신들의 영지 내에 유대인들을 거느리고 있는 방백들과 귀족들이여, 만약에 나의 충고가 당신들의 경우에 적합하지 않다면 더 좋은 방법을 찾아 보라. 그래야 당신들과 우리가 이 고통스러운 짐, 즉 유대인들로부터 벗어날 수 있을 것이다."[7]

마르틴 루터는 이 글을 쓴 지 이틀 후에 죽었다.

나치가 유대인들을 게토 지역에 감금했을 때, 그들은 루터의 교훈을 따랐다. 그들이 유대인들의 회당과 집과 학교에 불을 질렀을 때, 그들은 루터의 의지를 실천했다. 독일이 유대인들의 재산을 강탈했을 때, 그들은 루터의 명령에 따랐다. 독일이 유대인들을 포로 수용소에 가두었을 때, 그들은 루터의 가르침을 따랐다.

아돌프 히틀러는 루터의 신학을 좋아했다. 나치의 살인 기계들은, 1938년 11월에 루터의 탄생일을 기념하여 대규모 행사를 벌인다고 선언하면서, 그들의 역사적 연속성에 대해 감사를 표시했다.

20세기의 박해

아돌프 히틀러는 마르틴 루터의 후기 가르침을 공개적으로 찬양했다. 그리고 유대인들을 공격하라는 루터의 권면을 실행했다. 초대 교회 교부들의 가르침도 그를 지지해 주었기 때문에 히틀러는 유대인 말살 정책을 실행에 옮길 계획을 수립했다. 다른 나라들이 유대인들에게 피난처를 제공해 주기를 꺼렸기 때문에 히틀러는 자신의 정책이 국제적으로 지지를 받고 있으며, 자기가 좋은 일을 하고 있다고 확신했다.

로이 엑커트는 나치가 어떻게 십자가 사건과 또 그에 따르는 하나님의 끝없는 심판을 이용하여, 독일 국민으로 하여금 유대인들을 말살하도록 준비를 시켰는지를 증명했다. 유대인들에게 "그리스도를 죽인 자들"이라는 딱지를 붙였기 때문에 독일 국민들은 침묵을 지켰다. 그리고 나치가 아브라함의 후손들을 대량 학살 수용소와 최종적으로 가스실로 보낼 때에도 등을 돌렸다.

1942년에 러시아군 장교들이 가장 큰 규모의 나치 처형 장소인 케르흐를 조사했다. 그들 중 한 사람이 다음과 같은 보고서를 작성했다.

> 길이 1킬로미터, 폭 4미터, 깊이 2미터나 되는 참호 속에는 여자들, 어린아이들, 늙은이들, 십대 소년 소녀들의 시체가 가득 쌓여 있었다. 그 참호 근처에는 얼어붙은 피가 풀장을 이루고 있었다. 그리고 근처에는 어린아이들의 모자, 장난감, 리본, 떨어진 단추, 장갑, 우유 병, 고무 제품들, 작은 신발들, 고무신 등이 찢어진 손발이나 다른 신체 기관들과 함께 뒤섞여 있었다. 모든 것이 피와 뇌와 함께 흩어져 있었다.[8]

이 세상에서 가장 문명화된 나라들 중 하나에서 어떻게 이런 미친 일이 일어날 수 있는가? 독일 기독교인의 입장에서 어떻게 그와 같은 범죄를 정당화 할 수 있는가? 이 가증스러운 행동이 "유대인들은 그리스도를 죽인 자들이다." 라는 말로 변명되어졌다.

　세계에서 가장 훌륭한 학자들이 유대인들을 향한 히틀러의 잔학 행위를 연대순으로 열거했다. 그의 피문은 발자취를 축소시킬 목적은 없다. 다만 교회의 정책이 독일 제3제국(히틀러 치하의 독일)의 정책에 영향을 주었다는 사실만은 알아주기를 원한다. 히틀러가 로마 카톨릭과의 합의서에 서명할 때, "나는 단지 카톨릭 교회가 하는 일을 계속할 뿐입니다." 라고 말했다.

　이제 그 역사적 기록들을 검토해 보자.

로마 카톨릭의 정책	나치의 정책
1. 카톨릭교인과 유대인이 결혼하거나 성적인 관계를 맺는 것을 금함. 엘비라 종교 회의, A.D.306년.	1. 독일의 혈통과 명예를 보호하기 위한 법. 1935년 9월 15일.
2. 카톨릭교인과 유대인이 함께 식사하는 것을 허용하지 않음. 엘비라 종교 회의, A.D.306년.	2. 유대인은 식당차를 이용할 수 없음. 1939년 12월 30일.
3. 유대인들은 공적인 사무실을 가질 수 없음. 클레르몽 종교 회의, A.D.535년. 제4차 라테란 공의회, 1215년.	3. 직업적 시민 서비스 재확립에 관한 법. 1935년 4월 7일. 이 법으로 인해 유대인들이 사무실과 시민 서비스 직업에서 쫓겨남.
4. 유대인들은 카톨릭교인인 하인을 고용하거나 소유할 수 없음.	4. 독일의 혈통과 명예를 보호하기 위한 법. 1935년 9월 15일.

제3차 오를레앙 회의,
A.D.538년.

5. 유대인들은 고난주간에 거리에 나갈 수 없음.
제3차 오를레앙 종교 회의,
A.D.538년.

6. 탈무드와 다른 책들을 소각함.
제12차 톨레도 종교 회의, 681년.

7. 카톨릭교인은 유대인 의사의 단골 고객이 될 수 없음.
트루라닉 종교 회의, 692년.

8. 유대인도 교회를 지원하기 위해 카톨릭교인과 동일한 정도로 세금을 내야할 의무가 있음.
제4차 라테란 공의회, 1215년.

9. 유대인은 법정에서 카톨릭교인의 원고나 증인이 될 수 없음.
제3차 라테란 공의회, 1179년.

10. 유대인은 기독교를 받아들인 자손에게 유산을 물려주기를 거절할 수 없음.
제3차 라테란 공의회, 1179년.

11. 유대인은 다른 사람들과 구별할 수 있는 배지를 달아야 함.

독일인이 유대인을 고용하는 것을 금지함.

5. 국경일에 유대인들이 거리에 나오지 못하게 할 권한을 지방 정부에게 위임함.
1938년 12월 3일.

6. 나치가 독일에서 책들을 소각함.

7. 독일인은 유대인 의사의 단골 고객이 될 수 없음.
1938년 7월 25일.

8. 나치 정당을 위해 기부금을 내는 대신에 특별 세금을 내게 함.
1940년 12월 24일.

9. 유대인들은 민사 소송을 제기할 수 없음.

10. 법무부 장관에게 "건전한 판단"에 역행하는 유언을 무효화시킬 수 있는 권한을 부여함.
1938년 7월 31일.

11. 모든 유대인에게 노란색 다윗의 별을 착용하게 함.

제4차 라테란 공의회, 1215년.

12. 새로운 회당을 세우는 것을 금지함.
옥스퍼드 공의회, 1222년.

13. 카톨릭교인은 유대인 의식에 참석할 수 없음.
비엔나 종교 회의, 1267년.

14. 유대인은 카톨릭교인과 떨어진 게토 지역에서 살아야 함.
브레스라우 종교 회의, 1267년.

15. 유대인은 대학의 학위를 받을 수 없음.
바젤 공의회, 1434년.

16. 십자군의 유대인 대량 학살.
제4차 라테란 공의회는 세속 권력에게 "모든 이단을 척결할 것"을 요구함. 1215년.
종교 재판소가 유대인을 화형 시키고 재산을 몰수함. 1478년.

1941년 9월 1일.

12. 라이호 지역에서 회당을 파괴함. 1938년 11월 10일.
유대인들은 이 밤을 "Kristalnacht"라고 부름.

13. 유대인들과의 우호적인 관계를 금함. 1941년 10월 24일.

14. 유대인들은 게토 지역에서 살아야 함. 하이드리히 명령.
1939년 9월 21일.

15. 독일 학교와 대학의 과밀 해소법으로, 제3제국 기간 내내 유대인들을 학교와 대학에서 추방함. 1933년 4월 25일.

16. 히틀러의 최후의 해결책이 유럽에서 모든 유대인을 조직적으로 살해할 것을 요구함. 그는 그들의 집, 그들의 직업, 그들의 재산(심지어 금니까지) 그리고 결국에는 그들의 생명까지 빼앗다. 그의 정당화는? "그것은 하나님의 뜻이며, 교회가 할 일이다!"

홀로코스트는 유대인들을 가스실 밖에 일렬로 정렬시킨 히틀러로부터 시작된 것은 아니었다. 그것은 교회 내에서 유대인들을 향한 증오의 씨앗을 뿌린 종교 지도자들로부터 시작되었다. 피에르 반 파센은 다음과 같이 썼다. "만약에 우리가 유대인들에 대한 비우호적 자세, 우리 자신의 이기심, 교회와 학교에서 이루어진 반유대적인 교육을 통해서 그를 위해 적극적으로 길을 예비해 주지 않았더라면 히틀러는 그와 같은 일을 할 수도 없고 하지도 않았을 것이다."

주요 전범들을 다루기 위한 뉘른베르크 재판 때, 한 독일군 장교에게 어떻게 세상에서 가장 발전된 국가들 중 하나가 그토록 조직적으로 600만 명의 사람들을 죽일 수 있었는지를 물었다. 그는 다음과 같이 대답했다. "나의 의견으로는 수년 동안 또는 수십 년 동안 유대인은 인간이 아니라는 교리를 설교했기 때문에 그와 같은 결과가 불가피했다고 생각합니다."[9]

히틀러의 증언

대부분의 크리스천들은 유대인들이 아돌프 히틀러를 크리스천이라고 생각하는 이유를 이해하지 못한다. 대부분의 유대인들은 남침례교회가 빌리 그래함을 크리스천이라고 생각하는 것과 동일한 이유로 히틀러를 크리스천이라고 생각한다. 빌리 그래함은 기독교 학교를 다니고, 또 졸업했다. 그는 자신이 남침례교회의 교리를 신봉하는 크리스천이라고 공적으로 증언했다. 그가 설교할 때에는 성경을 인용하며, 하나님의 부르심을 받아 사명을 수행하고 있다고 선언한다. 빌리 그래함의 생애와 사역은 그가 하나님의 사람임을 증명해 준다.

나는 결코 아돌프 히틀러와 빌리 그래함을 동일하게 취급하려 하는 것은 아니다. 그러나 이것을 생각해 보라. 아돌프 히틀러도 파드레 버나드 그로너의 보호하에 기독교 학교에 다녔다. 히틀러는 그의 친구에게 자기는 어렸을 적에 사제가 되기를 원했다고 말했다. (유대인을 말살하려는 그의 바람을 포함하여) 그의 정치적, 인간적, 철학을 담은 책인 「나의 전투」를 쓴 후, 그는 "나는 지금 이전과 마찬가지로 카톨릭교인이며, 앞으로도 항상 그러할 것이다."라고 공적으로 증언했다.

1941년 12월에 진주만 폭격이 있은 후에 그는 "최후의 해결책"을 실행하겠다고 선언했다. 그는 "살인은 가능한 한 인간적으로 해야만 한다."고 명령했다. 이것은 그가 세상에서 기생충을 없애라는 하나님의 명령을 준수하고 있다는 확신과 일치했다. 그는 유대인들은 그리스도를 죽인 자들이라는 카톨릭 교회의 가르침을 항상 가슴에 담고 있었다. 그러므로 그는 양심의 가책을 받지 않고 대량 학살을 실행할 수 있었던 것이다. 왜냐하면 그는 단지 하나님의 복수의 손길로써 행동하고 있었기 때문이다.

유대인들은 교회 지도자들이 서로 앞다투어 그의 총애를 받으려 했기 때문에 히틀러가 크리스천이라고 생각한다. 몬시그노 루드빅 카스는 다음과 같이 말했다. "히틀러는 배를 운행하는 방법을 알고 있다. 그가 수상이 되기 전에 그를 자주 만났는데, 그의 명석한 사고와 또 고귀한 이상을 유지하면서도 실제적인 문제에 직면하는 그의 방식에 깊은 인상을 받았다… 질서가 유지되는 한 그것은 아무런 문제가 되지 않는다."

바티칸은 그의 파트너로 인정받은 것이 너무나도 감사해서 하나님께 독일 제국을 축복해 달라고 간구했다. 보다 실제적인 수준에서 바티칸은 독일 주교들에게 국가 사회주의 체제에 충성을 맹세하라고 명령했다. 그 맹세문은 다음과 같은 의미심장한 말로 끝을 맺고 있다. "나의 영적인 직무를 수행함에 있어 그리고 독일 제국의 복지와 이익을 추구함에 있어서, 그것을 위험에 빠뜨리는 모든 유해한 행동을 피하기 위해 노력할 것이다."

유대인들은 로마 교회가 히틀러의 50번째 생일을 경축했기 때문에 그를 크리스천으로 생각했을 것이다. 독일의 모든 교회가 "하나님께서 총통과 그 백성을 축복해 주시기를 간구하는" 특별 미사를 드렸고, 교황도 축하 메시지를 보냈다.

제2차 세계 대전 동안 유럽의 교회들은 히틀러의 생일과 그의 군사적 승리를 축하하기 위해 종을 울렸다. 제3제국 시절에는 모든 로마 카톨릭 학교에 그의 사진이 걸렸다. 히틀러 암살 계획이 실패했을 때, 교황은 하나님께서 그의 생명을 구해 주셨다고 말하는 편지를 보냈다. 독일 제국의 카톨릭 신문은 "총통을 보호해 준 것은 기적적인 섭리였다."고 선언했다. 비엔나의 인니쳐 추기경은 독일 제3제국에 대해 충성을 맹세하면서 오스트리아 사람들에게 히틀러의 "거룩한 뜻"에 동참하라고 말했다.

히틀러의 전쟁 기계가 용감하지만 준비가 덜 된 폴란드 군대를 깔아뭉갰을 때, 나치 신문은 파편 사진과 함께 하나의 성구를 실었다. "여호와께서 말과 마병과 병거로 그들을 패배시키셨도다." 히틀러가 공적인 연설을 할 때, 그는 초자연적인 귀신의 영으로 기름부음을 받아 독일과 유럽에서 유대인들을 "단번에" 추방하려는 그의 메시야적 사명을 정당화하기 위해 거룩한 성구를 인용했다. 그가 "나는 하나님의 뜻을 행하고 있다."고 선포할 때에 그의 최면술적 음성이 마치 감전이나 된 듯한 그의 청중들 머리 위에 우레와 같이 울려 퍼졌다. 연합군이 아우슈비츠(폴란드의 도시, 제2차 세계 대전 중 유대인을 대량 학살한 곳)에서 유대인들을 해방시킨 지 40년 이상이 지나도 바티칸은 히틀러에 관하여 공식적으로 그 어떤 정죄나 파문의 말도 하지 않고 있다. 그 이유는 무엇인가? 교회에 충실하고 영세를 받은 카톨릭교인들이 600만 명의 사람들을 죽였기 때문이다.

우리 세대에 유럽 유대인들 중 3분의 1이 지클론-B 가스에 질식되어 죽었다. 1933년 7월 20일에 히틀러가 바티칸과 공동 합의서에 서명을 했을 때, 그는 "나는 단지 카톨릭 교회의 일을 계속해서 유대인들을 고립시키고 그들의 영향력과 싸울 뿐이다." 라고 말했다. 히틀러는 나중에 그 합의서를 "바티칸이 국가 사회주의를 무제한 적으로 수락한 것!" 이라고 묘사했다.

오스트리아와 독일의 주교들은 제3제국의 깃발을 송축했으며, "아무런 강요도 없이 자발적으로" 충성을 맹세했다. 그리스도의 대리인(교황)은 바티칸의 그의 창문에서 밖을 내다보며, 나치가 힘없는 여

자들과 무고한 어린아이들을 그들의 집에서 끌어내 죽음의 장소로
이송하기 위해 마치 가축처럼 트럭에 태우는 것을 구경했다.

그 유대인 어린아이들에게 어떤 일이 일어났는가? 뉘른베르크 재
판소의 다음과 같은 보고서를 읽어 보라.

그들은 부모들과 함께 집단적으로 또는 개별적으로 어린아
이들을 죽였다. 그들은 집과 병원에서 어린아이들을 죽여 생
매장하고, 불 속에 집어 던지며, 총검으로 찌르고, 독약을 주
입하며, 생체 실험을 하고, 피를 뽑아 독일군을 위해 사용했
으며, 감옥과 게슈타포(나치 독일의 비밀 국가 경찰) 고문실
과 포로 수용소에 집어 넣었다. 거기서 어린아이들은 굶주림
과 고문과 전염병으로 죽었다.[10]

여자들은 그들의 자식들을 옷 속에 감추었다. 그러나 그들
도 발견되어 처형당했다.[11]

아이를 낳으려고 진통을 겪고 있는 어머니들도 결핵이나
성병에 감염된 사람들과 같은 차를 탔다. 어린아이들은 태어
나자마자 창 밖으로 던져졌다.[12]

가장 많은 수의 유대인들이 가스실에서 처형당했을 당시,
어린아이들은 사전에 가스로 질식시키지도 않은 채 화장터나

도랑에 던져졌다. 그 어린아이들을 산채로 던졌고, 그들의 울
음소리가 수용소 전체에 울려 퍼졌다.[13]

만약에 예수님과 그분의 가족과 모든 유대인이 1940년에 독일 베
를린에 살았다면, 그들은 총검에 찔리면서 가축 운반용 트럭에 실려
아우슈비츠로 보내졌을 것이다.

아우슈비츠에 도착하자마자 그들은 한꺼번에 가스실로 보내져 미
친 듯이 숨을 헐떡이며 공포에 질려 벽을 긁었을 것이다. 가스실은
평범한 샤워실로 위장되어 있었다. 그러나 문과 창문은 밀폐되어 있
었고 가스관이 설치되어져 있었다. 압축 가스 용기와 조절 장치는
옥외에 설치되어져 있었으며, 나치 의사들이 작동시켰다.

예수님께서는 마리아, 요셉, 야고보, 요한과 함께 베를린에서부터
아우슈비츠까지 먼 기차 여행을 한 후, 샤워를 해야 할 필요가 있다
는 구실로 가스실로 인도되어졌을 것이다. 그들은 15분이라는 긴 시
간 동안 서서히 가스에 질식해 죽었을 것이다. 그러나 사람들이 너
무나도 빽빽하게 들어가 쓰러질 여유 공간도 없었기 때문에 기괴한
모습으로 서 있었을 것이다. 죽어가면서 그들의 육체는 땀과 오줌으
로 뒤덮였을 것이며, 그들의 다리는 배설물로 더러워졌을 것이다.
나치의 "최후의 해결책"은 "이것은 하나님의 뜻이다!" 라고 말하는
지도자를 둔 사람들에 의해 실행되어졌을 것이다.

금니를 찾는 사람들은 예수님과 그 가족들의 이를 집게나 해머로
부러뜨렸을 것이다. 그들의 머리털은 잘려 매트를 만드는데 사용되

어졌을 것이며, 그들의 살가죽은 나치의 등불 가리개로 사용되어졌을 것이다. 남은 것들은 오븐에 던져져 소각되어졌을 것이며, 거대한 굴뚝을 통해 흘러나온 악취가 온 천지를 뒤덮었을 것이다.

그날 밤, 아우슈비츠의 하늘은 죽은 유대인들, 우리 예수님의 가족들의 재로 붉게 물들었을 것이다. 그 재들은 제3제국을 위하여 비누나 비료를 만드는데 사용되어졌다. 동정녀 마리아의 재로 장미에 비료를 주고, 사도 요한의 잔해물로 비누를 만들어 몸을 씻으며, 사도 베드로가 제공한 머리털로 만든 매트 위에서 잠을 잔다고 생각해 보라.

그러나 히틀러와 그의 친구들은 유대인을 예수 그리스도의 가족으로 보지 않았다. 히틀러에 따르면 예수님은 최초로 유대인들을 증오한 사람이었다. 히틀러는 "그리스도는 일찍부터 세상의 적인 유대인들과 싸우신 분이었다." 라고 호언장담을 했다.

히틀러는 그의 킬러들이 성 마태 성당에서 무릎 꿇고 기도할 때, 성 마태를 유대인으로 보아서는 안 된다는 사실을 알고 있었다. 어떻게 그들이 예배당을 떠나자마자 야만적으로 유대인들을 살해할 수 있겠는가? 어떻게 그들이 아기 예수를 팔에 안고 있는 성모 마리아 상 앞에 무릎을 꿇고 있다가 150만 명의 유대인 아기들을 잔혹하게 살해할 수 있겠는가?

그 미스테리는 히틀러 자신의 말로 해결되어졌다. 1927년에 그가 부하에게 「나의 **전투**」를 구술할 때, 그는 다음과 같이 말함으로 끝을 맺었다. "많은 수의 사람들은 작은 거짓말보다 큰 거짓말에 더 쉽게 속는다."

러시아의 반유대주의

1903년 우크라이나에서 유대인들이 참화를 당한 이후, 속수 무책인 사람들의 대량 학살과 관련된 "포그롬(Pogrom : 계획적인 학살, 유대인 학살)"이라는 러시아 단어는 국제 어휘 사전에 수록되었다. 러시아는 황제 시대부터 유대인들을 박해했다. 제1차 세계 대전과 제2차 세계 대전 사이에 러시아 서부 전투 지역에 살고 있던 모든 유대인은 – 늙은이, 병자, 어린이들을 포함하여 – 24시간 내에 내륙 지방으로 강제 추방되었다.

1924년 8월에「새벽(Dawn)」지는 다음과 같이 보고했다.

살육과 생매장, 약탈, 고문이 평범한 일이었을 뿐만 아니라 일상 생활이 되었다. 포그롬이 일주일간 지속되었다. 조직적이고도 극악무도한 고문과 폭행과 학살이 한달 동안 계속되었다. 유대인 공동체에는 죽은 사람들을 매장할 사람도 남아 있지 않았다. 개들과 돼지들이 부상당하고 죽은 사람들을 뜯어 먹었다. 다른 곳에서는 냉혹한 도살자들이 피난처를 찾아 회당으로 들어간 사람들을 죽이기 위해 회당을 불질러 납골당으로 만들었다. 그 외에도 많은 사람들이 대량 학살에 수반된 강탈과 파괴, 기근과 질병과 노출과 몰수로 인해 죽어갔다. 전체적으로 죽은 사람들의 숫자가 거의 50만 명이 넘었다.[14]

20년 후, 허만 그라베는 우크라이나의 도시인 둘모에서 일어난 일을 목격하게 되었다. 1942년 10월 5일에 그라베는 둘모에 있던 그의 사무실로 갔다. 그리고 공장장으로부터 이웃에 사는 모든 유대인이 몰살당했다는 말을 들었다. 날마다 약 1,500명의 사람들이 거대한 도랑에서 처형 당했다.

그라베와 공장장은 처형 장소로 달려갔다. 그들이 도착했을 때, 나치 친위대가 개와 채찍으로 유대인들을 트럭에 몰아 넣고 참호를 향해 가고 있었다.

그라베는 그 장면을 다음과 같이 묘사했다.

유대인들은 발가벗으라는 명령을 받았다. 그들은 부츠와 신발과 겉옷과 속옷을 차례대로 벗으라는 명령을 받았다. 옷이 산더미처럼 쌓였으며, 약 800켤레에서 1,000켤레의 신발들이 쌓였다. 사람들은 옷을 벗었고 어머니들은 아이들의 옷을 벗겼다. 아이들은 비명을 지르거나 울지도 않았다. 그들은 이미 더 이상 눈물도 흐르지 않고 모든 희망을 버린 상태에 놓여 있었다. 그들은 가족 단위로 둘러서서 서로 키스하고 작별 인사를 하며 기다리고 있었다. 그들은 도랑 옆에 채찍을 들고 서 있던 친위대 요원으로부터 신호가 떨어지기를 기다리고 있었다. 그들은 약 15분 가량 그들의 차례가 오기를 기다리며 서 있었고, 반대편에서는 더 이상 총성이 들리지 않았다. 죽은 사람들과 죽어 가는 사람들이 도랑 속에 뒤엉켜 있었다.

아무도 불평하지 않았고 살려 달라고 애원하지도 않았다. 나는 약 8명으로 구성된 가족을 보았다. 50대 남자와 여자, 그리고 약 20세에서 24세 가량 되는 장성한 자녀들이었다. 백발이 성성한 노파는 팔에 어린아이를 안고 있었는데, 노래를 불러 주며 어르고 있었다. 그 어린아이는 기뻐하고 있었다. 부부가 눈물을 흘리며 서로를 쳐다보고 있었고 아버지가 10살 가량된 소년의 손을 잡고 부드럽게 이야기하고 있었다. 그 소년은 눈물과 싸우고 있었다.[15]

십자가의 그리스도를 따른다고 주장하는 사람의 명령에 따라, 이 유대인들은 처형 장소로 행진하여 나치식으로 뒤통수에 총탄 세례를 받았다.

억압의 십자가

당신은 십자가를 볼 때, 무엇을 생각하게 되는가? 나는 구원의 기쁨을 상기하게 된다. 나는 부활과 사랑하는 주님과 소망과 영생을 생각하게 된다. 나에게 있어서 십자가는 생명의 상징이다.

그러나 그리스도 시대에 예수님께서는 1세기에 로마의 반역자로 십자가에서 처형된 50,000명 내지 100,000명의 유대인들 중 한 사람이었다. 역사가 하이암 맥코비는 고대 로마 시대에 유대인들이 경험한 박해에 대해 말하면서 다음과 같이 썼다. "마치 오늘날 가스실이 독일 나치의 억압의 상징이듯이 십자가는 로마의 억압의 상징이었다. 십자가를 로마인이 아니라 유대인과 관련짓는 것은 유대인 희생자들에게 가스실로 인해 고난당한 것이 아니라 가스실을 이용했다는 죄를 뒤집어씌우는 것과 같다."

크리스천들은 십자가를 볼 때, 구원과 용서를 생각한다. 그러나 유대인들은 십자가를 볼 때, 전기 의자를 생각한다. 그들에게 있어서 십자가는 수세기 동안 죽음의 상징이었다.

러시아 신학자 니콜라이 베르디예프는 다음과 같이 썼다. "아마 가장 슬픈 일은 십자가를 거부한 사람들은 그것을 져야만 하고, 그것을 환영한 사람들은 다른 사람들을 십자가에 처형하는 일에 참여했다는 사실일 것이다."

우리는 옛날부터 전해 오는 거짓말에 대해 검토하여 진리의 빛에 드러내 놓아야 한다. 크리스천들은 과거의 사악한 유산을 버리고, 더 이상 사람들로 하여금 그들의 기억 속에 증오의 이야기를 간직하거나 다음 세대로 전해 주지 못하게 해야 한다.

유대인들에 관한 악의에 찬 신화들

만약에 당신이 충분히 오랫동안 거짓말을 한다면 조만간 사람들은 그것을 믿기 시작할 것이다. 비록 유대인들에 대한 최고의 신화가 유대인들이 예수님을 죽였다는 것일지라도, 다른 터무니없는 이야기들도 역사상 많이 있었다. 어떤 것들은 무지와 공포에서 비롯되었으며, 다른 것들은 유대인들을 쫓아내고 그들의 재산을 몰수하기 위해 악의적으로 유포된 것이다.

경제적 박해

유대인들에 대한 박해 뒤에는 탐욕이 도사리고 있었다. 마크 트웨인이 그것을 가장 잘 표현했을 것이다. 1898년 9월에 트웨인은 하퍼즈(Harper's)지에 다음과 같이 썼다.

"나는 십자가 사건이 유대인에 대한 세상의 자세와 전혀 관련이 없다고 확신한다. 그 이유는 그것보다 훨씬 더 오래 되었다고 생각한다. 러시아, 오스트리아, 독일에서 유대인에 대한 적개심의 90%는 보통의 크리스천들이 보통의 유대인들보다 사업상 성공을 거두지 못했다는 사실에 기인한다."

그들은 무슨 동기로 유대인들을 박해했는가? 돈을 사랑했기 때문이었다. 탐욕 때문이었다. 하나님께서 아브라함을 통해 그들에게 복을 주신 것을 질투했기 때문이다. "내가 너로 큰 민족을 이루고 네게 복을 주어 네 이름을 창대케 하리니 너는 복의 근원이 될찌라 너를 축복하는 자에게는 내가 복을 내리고 너를 저주하는 자에게는 내가 저주하리니 땅의 모든 족속이 너를 인하여 복을 얻을 것이니라 하신지라"(창 12 : 2-3).

예를 들자면 중세 시대에 많은 유대인들이 은행과 관련된 일을 하고 있었다. 1247년에 교황 이노센트 3세는 카톨릭교인들이 부채를 갚아야만 한다고 말했다. "비록 유대인들이 카톨릭교인들에게서 정직하게 돈을 벌었을지라도, 카톨릭교인들은 그들의 부를 빼앗기 위해 그들에게 돈을 지불하기를 거절한다."

교황은 그의 편지에서 실질적으로 유대인들의 정직성을 칭찬하고 카톨릭교인들이 그들을 강탈하려 한다는 사실을 인정했다. 사실상 그런 관행은 단순한 지불 거절을 넘어 그 이상의 단계로 발전했다. 사람들은 유대인들에게 돈을 빌리고도 대부금을 갚을 기일이 되었을 때, 계약이 불법적인 것이라거나 또는 이자율이 부당하게 높다는 이유로 관계 당국에 고발했다. 그것이 실패로 돌아가면 채무자들은 소문을 퍼뜨리거나, 소요 사태를 일으키거나, 채권자의 머리를 치거나, 위협과 협박을 하기도 했다. 당신은 "유대인들처럼 바가지를 씌우려 했다."는 표현을 들어 본 적이 있는가? 역사는 이방인들이 유대인들의 돈을 갈망했음을 가르쳐 주고 있는 데 반해 유대인들이 돈에 대해 특별히 욕심을 낸다고 말하는 이유를 알 수 없다. 13세기에는 카톨릭교 도굴꾼들이 돈을 갈취할 목적으로 유대인 묘지를 뒤져 시체를 파냈다. 어떤 경우에는 부유한 유대인들의 시체를 파내 재판을 해서 이단으로 정죄했는데, 그것은 강탈 행위나 다름없었다.

교황 그레고리 10세는 비슷한 상황 때문에 그의 양떼들을 책망해야만 했다. 어떤 카톨릭교 아버지들은 자녀가 죽으면 그 시체를 유대인 땅에 숨겨 두었다가 유대인들이 유월절 의식에 사용할 피를 얻기 위해 어린아이들을 살해했다고 위협하여 돈을 강탈했다.

크리스천 어린아이들을 살해했다는 거짓말

나는 당신에게 악의에 찬 신화에 대해 말하겠다. 이 이야기는 중

세 시대에 시작되어 오늘날까지 전해지고 있다. 불행하게도 그것은 심장마비, 끝없는 고통, 많은 끔찍하고도 비극적인 죽음의 원인이 되고 있다.

이 이야기는 원래 데오발드라는 수도사에 의해 조작되어 성 베네딕트의 영국 수도사인 몬머스의 토마스가 처음으로 문자로 기록했다. 토마스는 윌리엄이라는 이름을 가진 소년이 노리치시의 외곽에 있는 숲에서 시체로 발견되어졌다는 이야기를 들었다. 몇 개월 후, 토마스는 유대인들이 그 소년을 죽였다고 고발했다. 그는 유대인들이 그 소년을 집으로 유인하여 고문하고 십자가에 매달아 죽였다고 말했다.

토마스의 이야기는 그의 상관들로부터 승인을 받지 못했다. 그러나 그것은 대중들의 상상력을 자극했다. 그리고 그들은 그것을 소위 그리스도의 적들을 공격하는 구실로 이용했다. 유대인들이 "자백할 때까지" 고문을 당하는 동안 최초의 어린이 순교자 윌리엄을 기리기 위한 의식이 진행되었다. 어린아이를 받들어 모시는 일은 유익한 것으로 입증되었다.

토마스의 이야기는 암처럼 번져나갔다. 인간을 희생 제물로 바쳤다는 이 거짓말은 프랑스 왕 필립 아우구스투스에게도 영향을 주었다. 그는 1182년에 자기 나라에서 유대인들을 쫓아냈는데, 그들이 크리스천 어린이를 희생 제물로 바쳤다는 사실을 믿었기 때문이다.

1247년 3월 26일 2살된 여아가 발레아스라는 프랑스 도시 외곽의 도랑에서 시체로 발견되었다. 유대인들이 그 아이를 약탈하여 그 피

를 그들의 종교 의식 - 특히 유월절 의식이 의심 되어졌다 - 에 사용
했다는 소문이 급속히 확산되었다.

3명의 유대인들이 어린아이를 살해한 죄명으로 체포되었고, 그들
은 자백할 때까지 고문을 당하고 처형되었다. 그 지역에 사는 다른
많은 유대인들도 체포되고 고문 받고 화형 되었다. 교황 이노센트 3
세는 이 대량 학살의 이면에 있는 동기를 인식하고 있었다. 그는 특
사를 보내 "유대인들의 재산을 탐내고, 그들의 피를 갈망하며, 아무
런 법적인 조치도 없이 유대인들을 노략하고 고문하고 죽인 카톨릭
교인들의 잔인성"을 정죄했다.

린콘의 작은 성인 휴

1255년에 린콘의 "휴" 라는 소년이 실종되었을 때, 또다른 버전의
이야기가 유포되기 시작했다. 윌리엄의 이야기를 각색한 이 이야기
에 따르면, 유대인들이 "휴"를 훔쳐서 십자가에 못박을 목적으로 방
에 가두었다는 것이었다. 그 소년은 여러 가지 고문을 당하고 맞아
피를 흘렸으며 가시 면류관을 썼다. 그를 납치한 자들이 그를 십자
가에 못박고 그의 심장을 창으로 찔렀다. 그 소년이 숨을 거둔 후,
그들은 그의 시체를 십자가에서 끄집어내려 창자를 꺼냈다.

그 동안 린콘에서는 수색팀이 우물에서 그 소년의 시체를 발견했
다. 하지만 그 소년이 살해되었다는 증거나 흔적은 전혀 없었다. 그
러나 96명의 유대인들이 런던으로 끌려가, 그 중에서 가장 부유하고
영향력 있는 18명이 교수형에 처해졌다.

　순교자의 반열에 오른 어린 "휴"는 린콘의 작은 성인 "휴"로 수세대 동안 추앙을 받았고, 그를 기념하는 교회가 세워졌다. 그리고 그의 무덤은 예배를 드리고 기적을 보기 위해 기도하러 온 순례자들을 위한 유명한 휴양지가 되었다.

　초서(영국의 시인)조차도 그의 소설 「캔터베리 이야기」에서 소름끼치는 이야기를 했다. "여자 수도원 원장의 이야기에서" 여자 수도원 원장은 어떤 크리스천 소년이 끊임없이 동정녀 마리아를 찬양하는 노래를 불렀기 때문에 "그 때부터 유대인들이 이 무고한 소년을 세상에서 추방하려는 음모를 꾸몄다." 라고 말한다. 그녀의 이야기에 나오는 유대인들은 그 무고한 크리스천 소년을 납치하여 목을 자르고 그 시체를 구덩이에 던져 넣는다. 그리고 그 소년은 죽는다. 그러나 그 전에 먼저 구조되어 동정녀에게 충성을 맹세한다. 이 무례한 행동 때문에 "그의 목이 잘렸다." 초서는 "린콘의 어린 '휴' 도 저주받은 유대인들과 함께 살해되었다." 라는 말로 그의 이야기를 끝내고 있다.

　비록 작은 성인 "휴"가 수세대 동안 추앙을 받았을지라도 그 이야기는 소위 전설에 지나지 않았고, 그 소년이 다른 사람에 의해 살해되었다는 증거는 없었다. 그러나 어린아이들이 실종될 때마다 유대인들을 끌어내 고문으로 자백을 받아 처형했다.

　이러한 중상 모략은 페르디난드와 이사벨라가 1492년에 스페인에서 유대인들을 추방하기로 했을 때, 한 가지 이유로 인용되어졌다. 그 당시에는 그 이야기가 더욱 발전되었고, 이야기꾼들은 유대인들

에 의해 십자가에 못박힌 리처드라는 어린이, 노리치의 윌리엄, 작
은 성인 휴, 그리고 로버트라는 또다른 어린이에 대해 말했다.

　신화와 비방이 끈질기게 지속되었다. 체코슬로바키아의 초대 대통
령인 토마스 마사리크는 다음과 같이 썼다.

　　19세기 중반에 고딩 근처에 살던 슬로바키아 어린이들은
학교, 교회, 그리고 사회 전반에 걸쳐 반유대주의적 분위기에
서 성장했다. 어머니는 우리에게 레크너 근처에 가지 말라고
말했다. 유대인들이 크리스천 어린이들의 피를 이용하기 때
문이라고 말했다. 그래서 나는 유대인들의 집을 피하기 위해
멀리 돌아서 다녔다. 학교 친구들도 모두 마찬가지였다. 크리
스천의 피를 유월절 케이크에 사용한다는 미신은 내 마음 속
에 깊이 자리 잡고 있었기 때문에 유대인을 만날 때마다 - 일
부러 만난 적은 없다 - 손에 피가 묻었는지 살펴보았다…나는
어린 시절에 배운 반유대주의를 청산해야만 했다.[16]

　종교 의식 때문에 살인한다는 거짓말을 정죄한 교황 이노센트 3
세의 칙령이 있은 지 700년이 지난 1936년 독일 신문 "데어 스튀
머"는 유대인들이 무고한 어린이들의 피를 빨아먹는 것을 보여 주
는 사례들을 실었다. 독일 나치 선전 기관이 특히 유월절이 가까워
질 때, 어린이들을 잘 지키라고 정기적으로 경고한 것은 결코 이상
한 일이 아니다.

당신은 오늘날 "이성적인 사람들은 결코 그와 같은 말을 믿지 않을 것!"이라고 말할 것이다. 그랬으면 정말 좋겠다! 33세된 하버드대학교 도서관 사서인 사무엘 메이시가 1996년에 인터넷에서 증오 그룹들을 추적했다. 그가 웹사이트들을 뒤져 봤을 때, 소위 미국 기독교 그룹들이 그 소문을 아직도 유포하고 있는 것을 발견했다. 그들의 웹 페이지들은 유대인들이 하와와 사탄이 결합한 산물이라고 말했으며, 또한 유대인들이 기독교인들을 죽여 그 피를 이용하여 무교병을 만든다고 말했다. 그들이 "우리의 최초의 적, 뱀으로 나타난 사탄이 유대인들의 심장 속에 은신처를 마련했다."라고 말한 초서의 여자 수도원장과 어떻게 다른가?

유대인들에 대한 소문을 퍼뜨리고 그리스도의 죽음의 책임을 유대인들에게 돌리는 자들은 큰 실수를 범했다. 그러나 이스라엘 국가가 형성된 이후로 유대인들은 폭군들, 소위 기독교인 황제들, 십자군, 자칭 신학자들, 날마다 잘못된 정조를 받은 기독교인들에 의해 고통을 당했다. 역사적으로 끊임없이 나타난 반유대주의 때문에 유대인들의 땅, 그들의 거룩한 도성, 하나님의 영원한 계획 가운데서 그들의 위치에 대한 권리를 신학적, 철학적으로 거부하게 되었다. 프랑스 계몽주의 시대에 가장 뛰어난 지성인인 볼테르도 1770년 후반에 "유대의 제사장들은 그들의 거룩한 손으로 인간을 희생 제물로 드렸다."라며 계속해서 비록 유대인들이 "세상에서 가장 가증스러운 사람들일지라도… 그들을 화형시켜서는 안 된다."고 말했다.

현대에도 반유대주의가 되살아나고 있다!

2,000년 동안 기독교의 신학이 거짓말로 왜곡되어 반유대주의의 핵심을 이루고 있다. 기독교인들은 사랑의 찬송을 부르고 하나님의 수호자로 자처하면서 1,000만 명의 유대인들을 고문하고 짓밟았다. 반유대주의자들은 그들에게 "그리스도를 죽인 자들"이라는 딱지를 붙였다.

나의 친구여, 그들이 잘못이다. 계속해서 나의 책을 읽어 보라.

주(註)

1. David Lloyd George guoted in Rabbi Joseph Telushkin's Jewish Wisdom, op. cit, p, 499-500.
2. Malcolm Hay, op. cit., p. 26.
3. Malcolm Hay, op. cit., p. 42.
4. Malcolm Hay, op. cit., p. 37.
5. Malcolm Billings, op. cit., p. 15.
6. Dagobert Runes, op. cit., p. 87.
7. Encyclopedia Judaica, Vol. 3, op. cit., p. 103.
8. Malcom Hay, op. cit., p. 8.
9. Malcom Hay, op. cit., p. 3.
10. Nuremberg War Trials Staff, Trial of the Major War Criminals, Before the International Military Tribunal: Nuremberg 14 November 1945-1 October 1946, vol. I. (Buffalo, NY: William S. Hein & Co., 1996), p. 50.
11. Nuremberg War Trials Staff, op. cit., p. 251.
12. Nuremberg War Trials Staff, op. cit., p. 439.
13. Nuremberg War Trials Staff, op. cit., pp. 318-19.
14. D. M. Panton, "The Jew God's Dial", Dawn, 1924. p. 197-201.
15. Malcom Hay, op. cit., p. 9.
16. Tomas Masaryk guoted in Rabbi Joseph Telushkin's Jewish Wisdom, op. cit, p, 497.

05

누가 그리스도를
진짜로 죽였는가?

제임스 파커 박사는 유대인 박해의 경이적인 기사에 어떤 빛을
비추려고 시도하면서 다음과 같이 썼다. "오늘날에도 유대인들에 대
한 가르침의 결과 600만 건 이상의 고의적인 살인 사건이 발생하고
있는데, 그것은 궁극적으로 기독교의 책임이다… 궁극적인 해답은
신약 성서의 가르침 속에 들어 있다."

가장 치명적인 신약 성서의 신화는 유대인들이 예수님을 죽였다는
소문이다! 우리는 신약 성서에서 이런 가정을 지지해 주는 단서를
발견할 수 있는가? 절대로 없다!

만약에 이것이 범죄 수사라면 우리는 **진짜로** 누가 그리스도를 죽
였는지를 발견해 내야만 한다. 우리는 목격자의 증언을 가장 신뢰할
만한 것으로 받아들일 수 있을 것이다. 그러면 이제 성경의 본문을

자세히 살펴보기로 하자. 마태와 마가와 누가와 요한이라는 목격자들의 증언은 실제로 그리스도의 십자가 죽음에 대해 무엇이라고 말하는가?

복음서의 유대인 저자들은 그들 자신의 백성인 유대인들이 아무런 책임도 없을 뿐만 아니라 대부분 예수 그리스도의 체포, 재판, 그리고 정죄에 이르는 일련의 사건들에 대해서 알지 못했다는 사실을 주의 깊게 기록하고 있다.

마태의 증언

모든 복음서의 유대인 저자들 중에서도 마태는 한 민족으로서 유대인들은 예수님에 대한 정치적 음모와 아무런 관련이 없다고 말하고 있다. 그는 그의 책 마태복음 26장 3-4절에서 진정한 음모자들을 폭로하고 있다. "그 때에 대제사장들과 백성의 장로들이 가야바라 하는 대제사장의 아문에 모여 예수를 궤계로 잡아죽이려고 의논하되"

두 가지의 매우 중요한 점들이 분명하게 나타나 있다.

1. 십자가에서 처형시키려는 음모가 있었다.
2. 대제사장 가야바가 음모를 꾸몄으며, 그는 결코 유대 민족을 대표하지 않았다. 그는 헤롯 안디바에 의해 정치적으로 임명되었으며, 헤롯 안디바는 로마에 의해 임명되었다. 유대 민족은 헤롯과 대제사장을 미워했다. 그들은 이방인 로마의 손 안에 든 꼭두각시였기 때문이었다.

혜롯 안디바의 아버지인 혜롯 왕은 예수님께서 태어나기 40년 전에 로마 군대의 개입으로 권력을 잡았다. 로마의 집정관 마르크 안토니는 혜롯 왕과 군사적으로 결탁하여 예루살렘을 공격했고 5개월 후에 예루살렘은 멸망했다. 그리고 마르크 안토니는 혜롯 왕을 로마 감독관으로 임명했다. 혜롯 왕은 과대망상에 사로잡힌 독재자로서 그 자신의 가족들을 7명이나 죽였다. 그는 질투심이 많고 정서가 불안정한 통치자였다. 그는 "유대인의 왕"이 태어났다는 동방박사들의 말을 듣고 두려워한 나머지 두 살 이하의 남자 아기들을 모두 죽이라고 명령하기도 했다(마 2 : 1-18).

혜롯 왕은 권력을 잡은 후, 절대적 독재 권력을 얻고 또 정부 내에서 유대인들의 목소리를 잠재우기 위해 45명의 산헤드린 멤버들을 죽이라고 명령했다. 혜롯 왕과 그의 아들 혜롯 안디바가 통치하던 시기에 산헤드린은 정부의 꼭두각시에 지나지 않았고, 혜롯 왕은 유대인들의 투표에 의해서가 아니라 로마의 뜻에 따라 절대 권력을 잡았다.

혜롯 왕은 또한 대제사장 가야바를 임명하여 갈보리 음모를 주도하게 하고 로마의 뜻을 실행에 옮기게 했다. 그러므로 가야바는 불법적인 제사장이며 유대인들에 의해 선출되지 않았다.

요세푸스는 A.D. 66-70년에 있은 대폭동 기간에 신앙심이 깊은 유대인들이 대제사장의 집을 불태웠다고 기록하고 있다. 그것은 그가 로마의 부패한 꼭두각시였기 때문이다.

나사렛 예수라고 불리는 랍비가 이처럼 암울한 정치적 배경 속으로 들어오셨다. 유대인들이 반역을 주도하고, 로마 압제의 사슬을 끊을 구원자를 찾고 있었기 때문에 예수님의 인기는 불꽃처럼 퍼져 나갔다. 한 소년의 도시락으로 5,000명을 먹일 수 있는 사람이라면 로마 제국을 패퇴시킬 군대도 먹여 살릴 수 있을 것이라고 생각했다. 병든 자를 치유하고 죽은 자를 살린 사람이라면, 상처 입은 군사들도 치유하고 죽은 군사들도 다시 살릴 수 있을 것이라고 생각했다. 유대 인들은 예수님을 정복자 로마에 군사적으로 대항할 수 있는 분이라고 생각했다. 그러나 로마는 예수님을 너무나도 위협적인 폭도이기 때문에 도저히 살려둘 수 없다고 생각했다.

이와 같이 생각할 때, 헤롯 안디바와 그의 들러리 가야바에게 있어서 예수님은 심각한 정치적 위협이 되었고, 결과적으로 그들은 예수님을 로마식으로, 즉 십자가에서 죽이려는 정치적 음모를 꾸미게 되었다. 유대인들은 처형할 때, 죄인을 돌로 쳐죽였다. 만약에 유대인들이 예수님을 죽였다면 그분은 십자가가 아니라 돌에 맞아 죽었을 것이다.

지도자들이 폭동을 두려워함

가야바가 그의 정치적 앞잡이들을 만나 나사렛 예수를 어떻게 죽이는 것이 가장 좋을지 의논했을 때, 성경은 그 도시에 있던 유대인들이 폭동을 일으킬까봐 염려해서 예수님을 은밀히 체포하고자 결정했다고 말하고 있다. "예수를 궤계로 잡아죽이려고 의논하되 말하기를 민요가 날까 하노니 명절에는 말자 하더라"(마 26 : 4-5).

만약에 십자가 음모의 배후에 유대인들이 있었다면 그들이 왜 폭동을 두려워했을까? 폭동은 일반 백성들 사이에서 자발적으로 일어나는 것이다. 대제사장은 대다수의 유대인들이 예수님을 지지하며, 만약에 그분을 체포한다면 분노하여 자발적으로 봉기할 것을 알고 있었다. 폭동의 소식은 로마까지 전해질 것이다. 그러면 헤롯은 정치적으로 궁지에 몰릴 것이고 그러면 대제사장도 즉시 그 자리에서 쫓겨날 것이다.

마태는 이런 음모를 꾸민 지도자들이 유대인들을 두려워했다는 증거를 제시하고 있다. "잡고자 하나 무리를 무서워하니 이는 저희가 예수를 선지자로 앎이었더라"(마 21 : 46).

유대인들 중에서도 예수님의 리더십과 가르침을 좋아하지 않은 사람들도 있었을 것이다. 유대 랍비들의 집단인 힐렐 학파는 예수님께서 이혼에 관해 그들의 적인 삼마이 학파의 가르침을 지지하셨기 때문에 매우 분개하고 있었다. 아무도 힐렐의 추종자들에게 예수님을 십자가에 못박으라고 소리지르도록 촉구하지 않았다. 그들의 수는 겨우 수백 명에 지나지 않았고 그들은 다만 자기들의 교리를 거부한 사람을 고발했을 뿐이다. 변한 것은 아무것도 없었다.

예수님께서 죽은 후에도 그들의 음모는 중단하지 않았다. 그분이 삼일만에 죽은 자 가운데서 살아나셨을 때, 문제는 더욱 커졌다. 음모자들은 그것에 대해 여러 가지 설명을 했고, 다시 한번 더 가야바의 도덕적 부패가 드러났다. 그는 무덤을 지키던 군병들에게 뇌물을 주어 거짓말을 하게 했다.

마태는 그의 목격담을 다음과 같이 기록하고 있다. "그들이 장로들과 함께 모여 의논하고 군병들에게 돈을 많이 주며 가로되 너희는 말하기를 그의 제자들이 밤에 와서 우리가 잘 때에 그를 도적질하여 갔다 하라 만일 이 말이 총독에게 들리면 우리가 권하여 너희로 근심되지 않게 하리라 하니"(마 28 : 12-14).

다음과 같은 다섯 가지의 중요한 사실들에 대해 주목하라.

1. 대제사장들이 음모를 꾸몄다.
2. 대제사장들이 로마 군병들에게 뇌물을 주어 죽을 죄를 짓게 했다.
3. 대제사장들은 그들 자신이 거짓말을 했을 뿐만 아니라 다른 사람들로 하여금 거짓말을 하게 만들었다.
4. 무덤을 지키던 군병들은 근무 중에 잠을 잤기 때문에 사형을 당할 수도 있었다. 그러나 대제사장들은 그들의 정치적 결속을 믿었기 때문에 정부 당국자들의 환심을 사고, 또 군병들을 곤경에서 구해 줄 수 있다는 점을 확신시켜 주었다.
5. 대제사장들과 로마와의 정치적 결속 관계는 이미 잘 알려진 사실이기 때문에 군병들은 뇌물을 받고 그들의 음모에 가담하는 것을 두려워하지 않았다.

가야바와 그의 몇몇 앞잡이들의 행동을 유대 민족 전체의 행동으로 볼 수 없다.

마가와 누가의 동의

마가와 누가도 마태와 더불어 이 정치적 매춘부들이 유대 민족을 대표하지 못했다는 증거를 제시하고 있다.

"대제사장들과 서기관들이 듣고 예수를 어떻게 멸할까 하고 꾀하니 이는 무리가 다 그의 교훈을 기이히 여기므로 그를 두려워함일러라"(막 11 : 18)

"저희가 예수의 이 비유는 자기들을 가리켜 말씀하심인 줄 알고 잡고자 하되 무리를 두려워하여 예수를 버려 두고 가니라"(막 12 : 12)

"이틀을 지나면 유월절과 무교절이라 대제사장들과 서기관들이 예수를 궤계로 잡아죽일 방책을 구하며 가로되 민요가 날까 하노니 명절에는 말자 하더라"(막 14 : 1-2)

"예수께서 날마다 성전에서 가르치시니 대제사장들과 서기관들과 백성의 두목들이 그를 죽이려고 꾀하되 백성이 다 그에게 귀를 기울여 들으므로 어찌할 방침을 찾지 못하였더라"(눅 19 : 47-48)

"서기관들과 대제사장들이 예수의 이 비유는 자기들을 가

리켜 말씀하심인 줄 알고 즉시 잡고자 하되 백성을 두려워하더라"(눅 20 : 19)

"대제사장들과 서기관들이 예수를 무슨 방책으로 죽일꼬 연구하니 이는 저희가 백성을 두려워함이더라"(눅 22 : 2)

예수님 자신도 죽기 전에 자신을 죽인 자들을 밝혀 주셨다. "예수께서 열두 제자를 데리시고 이르시되 보라 우리가 예루살렘으로 올라가노니 선지자들로 기록된 모든 것이 인자에게 응하리라 인자가 이방인들에게 넘기워 희롱을 받고 능욕을 받고 침 뱉음을 받겠으며 저희는 채찍질하고 죽일 것이니 저는 삼일만에 살아나리라 하시되"(눅 18 : 31-33).

성경 본문은 완벽하고 분명하다. 예수님께서는 정치적인 폭도로서 로마에 의해 십자가에 달리셨다. 그분은 헤롯의 권위에 위협적인 존재였고, 대제사장에게도 위협적인 존재였다.

헤롯의 측근들이 갈보리 음모를 꾸몄고, 그분의 죽음은 하나의 종족, 하나의 나라, 하나의 문화권으로서의 유대 민족과는 아무런 관련이 없었다.

역사적 사실에 대해 생각해 보자. 예수님께서 사역을 시작하실 때, 유대인들 중 4분의 3은 이스라엘에 살지 않았다. 그 당시 유대인들 중 10분의 9는 예루살렘 밖에서 살았다. 기껏해야 수백 명의 바리새인들만 대제사장의 갈보리 음모에 가담하거나 지지했다.

빌라도의 법정에 모여든 군중들에 대하여

우리는 "…십자가에 못 박혀야 하겠나이다"(마 27 : 23)와 "…그 피를 우리와 우리 자손에게 돌릴지어다"(마 27 : 25) 라고 소리친 군중들에 대해 크리스천들이 말하는 소위 "증거 본문"에 관해 수도 없이 들었다.

이 구절들이 모든 유대인이 영원히 예수 그리스도의 피에 대해 책임을 져야 한다는 사실을 입증해 준다고 말한다.

그러나 성경적 역사적 사실은 정치적 꼭두각시 가야바가 그 군중들을 모으고 통제했다는 것이다. 이것은 자발적인 표현이 아니라 계획적인 음모였다. 대제사장들은 정직한 군중들을 보고 놀랐다. 목격자 마태는 우리에게 다음과 같이 말하고 있다. "대제사장들과 장로들이 무리를 권하여 바라바를 달라 하게 하고 예수를 멸하자 하게 하였더니"(마 27 : 20).

그들은 군중들을 어떻게 설득했는가? 그것은 그리 힘들지 않았다. 이들은 벌집을 쑤신 듯이 미친 바리새인들이었다. 예수님께서는 그들을 "회칠한 무덤"이라고 부르셨고(마 23 : 27) 그들에게 이혼은 하나님의 계획에 어긋나는 것이라고 말씀하셨다. 그러자 그들은 분노했고, 그들은 자기들에게 어려움을 가져다주는 자를 제거할 수 있는 기회를 잡았다.

그리고 내가 십자가 사건의 목격담을 언급할 때, 요한복음은 포함시키지 않은 것은 요한복음은 다른 각도에서 검토해야 할 필요가 있기 때문이다.

요한복음의 유대인들

수세기 동안 크리스천 설교자들은 요한복음에 나오는 32개의 성구들을 봉독했다. 그리고 모든 유대인은 피에 굶주린 고문자들이고, 냉혹한 살인자들이며, 돈에 굶주려 성전을 모독한 자들이라는 결론을 내렸다. 크리스천 설교자들은 강단을 내리치며 증오의 메시지를 소리 높이 외쳤다. 그들은 요한복음 5장 16절 "그러므로 안식일에 이러한 일을 행하신다 하여 유대인들이 예수를 핍박하게 된지라"와 7장 1절 "이 후에 예수께서 갈릴리에서 다니시고 유대에서 다니려 아니하심은 유대인들이 죽이려 함이러라"와 같은 구절들을 인용했다.

모든 유대인이 유죄인가?

1,500년 동안 예수님을 미워한 소수 유대인들의 죄가 널리 확산되어 결국에는 모든 유대인을 포함하게 되었다. 수세기 동안 기독교 지도자들은 위에서 언급한 구절들을 사용하여 반유대주의를 정당화시켰다.

황금의 입을 가졌다는 성 요한 크리소스톰은 "유대인들은 무지 때문이 아니라 완전히 알면서도 잘못을 저질렀다."라고 말했다. 수백 년 후, 제2차 십자군 전쟁 바로 전, 클레어복스의 성 버나드는 크리소스톰의 신학에 동의했다. 버나드는 다음과 같이 썼다. "유대인들은 모두 다 유죄다. 그들은 의도적으로 적개심을 품고 행동했다. 그들의 죄는 모든 시대를 통하여 모든 유대인과 공유하게 되었다. 그들과 그들의 자손들은 마지막 세대까지 저주를 받아 기독교인 통치자들의 종들처럼 노예로 살아야 한다."

700년이라는 세월이 흘렀지만 버나드는 크리소스톰의 적개심을 되풀이했다. 버나드가 비방의 글을 쓴 지 800년이 지난 후, 아돌프 히틀러를 포함한 많은 역사적 인물들이 버나드의 사상을 되풀이했음을 볼 수 있다.

성경은 유대인들이 예수님을 증오했다고 말한다. 그러면 요한복음에 나오는 이 유대인들은 누구였는가?

유사한 사건에 대해 보고하는 마태와 요한의 문체를 비교해 보자. 마태복음 12장에서 우리는 손 마른 자의 이야기를 읽을 수 있다. 마태는 예수님께서 안식일에 그 사람을 치유해 주셨을 때 '바리새인들이 나가서 어떻게 하여 예수를 죽일꼬 의논하거늘'(마 12 : 14) 이라고 말한다.

그러나 요한은 유사한 사건에 대해 보고하면서 바리새인이라는 말을 사용하지 않고 유대인이라는 말을 사용하고 있다. "유대인들이 병 나은 사람에게 이르되 안식일인데 네가 자리를 들고 가는 것이 옳지 아니하니라"(요 5 : 10). "그 사람이 유대인들에게 가서 자기를 고친 이는 예수라 하니라 그러므로 안식일에 이러한 일을 행하신다 하여 유대인들이 예수를 핍박하게 된지라"(요 5 : 15-16).

성경을 주의 깊게 연구해 보면 요한복음 5장의 "유대인들"이 바로 마태복음 12장의 "바리새인들"임을 알 수 있을 것이다. 그들은 예수님께서 교리적으로 실수를 범하도록 끊임없이 덫을 놓은 사람들이었다.

요한은 날 때부터 소경된 사람을 치유해 주신 기사(요 9 : 1-15)에서 바리새인들이 그 사람에게 한 질문을 기록하고 있다. 바리새인들이 그 사람의 대답에 만족하지 못했을 때, 그들은 그의 부모를 찾아갔다. 하지만 그의 부모는 그들의 아들이 치유되어졌다는 사실은 인정했지만 그가 어떻게 치유되어졌는지는 알지 못한다고 말했다. 요한은 그들이 대답을 회피한 것은 다음과 같은 이유 때문이라고 말하고 있다. "그 부모가 이렇게 말한 것은 이미 유대인들이 누구든지 예수를 그리스도로 시인하는 자는 출교하기로 결의하였으므로 저희를 무서워함이러라"(요 9 : 22).

성경을 연구해 보면 요한복음 9장 15절의 "바리새인들"이 소경의 부모를 협박한 "유대인들"이라는 사실이 분명해진다. 그러나 반유대적인 지도자들은 이 구절들을 읽고, 요한이 "유대인들"이라고 쓴 것은 유대인 전체를 비난하기 위한 것이었다고 생각했다.

바리새인들은 누구인가?

성경 학자들은 그리스도 시대에 이스라엘에 약 100만 명의 유대인들이 있었을 것이라고 추정한다. 그 100만 명 중에서 바리새인들은 약 6,000명 가량이었다. 그러므로 바리새인들은 이스라엘의 유대인들의 1%도 되지 않았다.

더 나아가 바리새인들은 세 가지 학파로 나누어져 있었다. 하나의 학파는 유명한 힐렐이 이끌었는데, 그는 바벨론에서 이스라엘로 와 그 학파에 가담했다. 그는 바리새인들 중에서 최고의 교사들 중 한

사람으로 인정되어졌다. 힐렐은 B.C. 10년 - A.D. 10년까지 이스
라엘의 원로였다. 그는 성경을 조직적이고, 자유로우며, 비교적 관
대히 해석하게 했다. 그리고 그의 제자들은 400년 이상 유대인들의
생활을 지배했다.

바리새인의 두 번째 학파는 삼마이가 이끌었다. 삼마이와 힐렐은
실제적으로 일치하는 것이 아무것도 없었고, 실제적으로 모든 문제
에 있어서 사사건건 대립했다.

세 번째 학파는 에세네 사람들로 구성되어졌는데, 그들은 금욕주
의적인 유대교 종파로서 유대 광야에서 살았다. 예수님과 마찬가지
로 세례 요한도 이 공동체에 속해 있었다. 예수님께서는 18 - 30세
까지, 그분의 생애에 있어서 침묵의 시간에 쿰란에서 토라를 공부했
을 것이다. 1947년에 그 곳에서 사해 사본이 발견되어졌다. 쿰란은
요단강에서 가장 가까운 곳인데, 예수님께서는 요단강에서 세례 요
한으로부터 세례를 받으셨고, 현재 이스라엘 도서관에 전시되어져
있는 사해 사본으로 공부하셨을 가능성도 있다.

바리새인들은 학파에 소속되어 있었을 뿐만 아니라 일반 백성들과는
구별되어져 있었다. 바리새(Pharisee)라는 단어는 페루심(Perushim)
이라는 말에서 나온 것인데, 그것은 분리를 의미했다. 이 종교적 분
리주의자들은 다른 유대인들뿐만 아니라 자기들의 교리적 가르침에
동의하지 않는 다른 바리새인들과도 거리를 두고 있었다. 그들은 종
교 의식적 순수성에 대해 지극히 조심했으며, 월경하는 여인, 방금
아이를 낳은 여인, 시체, 죽은 파충류, 문둥병자, 그리고 부정한 기

미가 있는 다른 모든 것을 건드리지 않았다.

바리새인들은 자기들만이 올바른 교사이며, 구전 율법의 해석자라고 믿었다. 그들은 죽은 자의 부활, 천사들, 인간사에 대한 하나님의 인도하심 등을 믿었다.

세 학파의 바리새인들은 모두 다 강력한 영향력을 가지고 있었다. 체임 포톡은 다음과 같이 썼다.

> 바리새인을 흰 수염의 늙은이로 보는 것은 잘못된 일이다. 그들은 율법뿐만 아니라 칼과 창도 익숙하게 사용하는 서기관적 가르침의 열렬한 추종자들이며, 하나님을 위해서는 기꺼이 죽일 수도 있는 자들로 보아야 한다. 우리는 사람들이 자기들의 귀하게 여기는 것을 위해서는 쉽게 칼을 뽑는 시기에 대해 말하고 있다. 바리새인들은 약탈이 아니라 하나님을 위해서 죽였다. 하지만 바리새인의 칼에 쓰러진 자들이 그것으로 위로를 받았는지는 의심스럽다.

예수님 당시에도 힐렐의 추종자들과 삼마이의 추종자들은 이혼법에 관해 격렬한 토론을 벌였다. 삼마이는 사소한 이유로는 이혼할 수 없고 음행이 있는 경우에만 이혼할 수 있다고 가르쳤다(성경적으로 볼 때 음행에는 간통, 호모 섹스, 수간(짐승을 상대로 성욕을 만족시키는 행위), 호색 등이 포함되어진다). 유대인들에게 있어서, 이혼의 권리에는 재혼의 권리도 포함되어져 있었다. 이러한 입장은 의심할 여지도 없이 온 이스라엘에 의해 받아들여졌다.

힐렐은 극단주의자였다. 그는 "모든 이유로" 자기 아내와 이혼할 수 있다고 가르쳤다. 힐렐에 따르면 아내가 너무 큰소리로 말을 하거나, 말이 너무 많거나, 정결한 음식을 준비하지 못하거나, 음식을 맛없게 만들거나, 머리에 빗질을 하지 않고 거리에 나가면 이혼할 수 있었다. 남편은 더욱 아름다운 여인을 발견하거나 또는 다른 어떤 이유로도 아내와 이혼할 수 있었다.

힐렐의 추종자들은 끊임없이 예수님을 이러한 교리적 논쟁으로 유인하려고 애썼다. 그들이 예수님께 어떻게 접근했는지에 대한 이야기는 마태복음 19장 3절에 기록되어져 있다. "바리새인들이 예수께 나아와 그를 시험하여 가로되 사람이 아무 연고를 물론하고 그 아내를 내어버리는 것이 옳으니이까"

예수님께서는 자신의 생명이 위험하다는 것을 아셨다. 만약에 칼을 찬 그 율법주의자들의 말에 동의하지 않는다면 그들은 예수님을 죽이려할 것이다.

예수님께서는 그들의 마음을 아시고 그들의 눈을 바라보며 다음과 같이 대답하셨다. "모세가 너희 마음의 완악함을 인하여 아내 내어 버림을 허락하였거니와 본래는 그렇지 아니하니라 내가 너희에게 말하노니 누구든지 음행한 연고 외에 아내를 내어 버리고 다른 데 장가드는 자는 간음함이니라"(마 19 : 8-9).

예수님께서 이 말씀을 하셨을 때, 싸움이 벌어졌다! 바로 그 순간부터 힐렐을 추종하는 바리새인들에게 있어서 예수님은 살아있는 마귀였다. 그들은 예수님을 죽일 음모를 꾸몄다. 이들이 바로 예수님께서 "아비 마귀"라고 말씀하신 "유대인들"이다. 그리고 이들이 바로 소경의 부모를 심문하여 두려워 떨게 만든 "유대인들"이며 이 "유대인들" 때문에 예수님의 제자들이 문을 걸어 잠그고 숨어야만 했다. 바로 이 "유대인들" 때문에 크리스천들이 2,000년 동안 증오와 약탈과 살인과 처형을 저지르게 되었다.

그러나 모든 바리새인이 다 예수님을 반대한 것은 아니었다. 많은 바리새인들이 예수님의 친구였다. 그들은 예수님을 사랑했고 예수님께서는 그들과 함께 음식을 잡수셨다. 그들은 예수님의 생명을 구하려고 노력했다.

예수님의 바리새인 친구들

요한복음에서 우리는 "밤에" 예수님을 찾아간 니고데모에 대해 읽을 수 있다. 많은 사람들이 니고데모가 어두워진 후에 몰래 예수님을 찾아간 것으로 생각하고 그를 비난했다. 그러나 그것은 사실이 아니다. 니고데모는 바리새인들 중에서도 책임자였기 때문에 하루 종일 법정에 있었다. 따라서 예수님을 찾아갈 수 있는 유일한 시간은 해가 진 후였다.

니고데모는 주저하지 않고 다음과 같이 고백했다. "랍비여 우리가 당신은 하나님께로서 오신 선생인줄 아나이다 하나님이 함께 하시지 아니하시면 당신의 행하시는 이 표적을 아무라도 할 수 없음이니이다"(요 3 : 2).

니고데모는 경탄하며 예수님 앞에 서 있었다. 그는 예수님께 의견을 물을 만큼 그분을 존경했다. 그는 나중에 예수님의 시신을 장사하는 것을 돕기 위해 100근의 몰약과 침향을 가져올 만큼 그분을 존경했다(요 19 : 39).

니고데모는 예수님의 친구가 된 유일한 바리새인이 아니었다. 비록 우리가 다른 사람들의 이름은 알지 못한다 할지라도, 예수님께서 다른 바리새인들과 함께 음식을 잡수셨다는 사실을 알 수 있다(눅 7 : 37). 그것은 날카로운 비판을 받을 만한 행동이었다. 성경 시대에는 상호간에 존중하는 마음이 없이는 함께 떡을 떼지 않았다. 사실상 함께 음식을 먹은 후에 상대방을 배신하거나 욕하는 것은 지극히 불충한 행동이었다. 어떤 사람과 함께 음식을 먹은 후에 그에게 올가미를 씌우는 것은 생각도 하지 못할 일이었다. 다윗 왕도 다음과 같이 한탄했다. "나의 신뢰하는바 내 떡을 먹던 나의 가까운 친구도 나를 대적하여 그 발꿈치를 들었나이다"(시 41 : 9).

분명히 많은 바리새인들이 예수님과 함께 음식을 먹었으며, 그분을 죽이려는 음모에 가담하지 않았을 것이다.

유다는 어떠했는가?

유다가 최후의 만찬을 하는 동안에 예수님을 배신했기 때문에 그의 이름은 영원히 "배신자"와 동의어가 되었다. 따라서 적어도 이 유대인은 예수님의 죽음에 책임이 있지 않은가?

아니다. 유다는 인종적으로 볼 때, 유대인이 아니다. 교부들은 그를 "쥬다스(Jew-das)"라고 불렀는데, 그것은 잘못이다.

　예수님께서는 12제자들을 부르셨다. 유대교를 위해서는 오직 10명만 필요했다. 그것은 종교적 행사를 거행하는데 필요한 최소한의 숫자였다. 예수님의 제자들 중에서 오직 10명만이 인종적으로나 종교적으로 유대인들이었다. 가룟 유다와 가나안인 시몬은 인종적으로 볼 때, 유대인이 아니라 종교적으로 개종한 자들이었다.

　"이스그리욧(가룟)"은 유다의 성이 아니었다. "이스-그리욧"은 그가 외국인이었음을 의미한다. 즉 인종적으로 이스라엘과 다르다는 것을 의미한다. "이스"는 "사람"을 뜻하며, "그리욧"은 그가 그리욧의 시민이었음을 뜻한다. 그리욧은 남유대에 있던 유대 성읍이었다. 사해 건너편 모압 남부에 또다른 그리욧이 존재하고 있었다. 만약에 유다가 유대에 있던 그리욧 출신이었다면, 마치 믹돌의 마리아가 막달라 마리아로 불려졌던 것처럼, 미그리욧 유다라고 불려졌을 것이다. 유다가 외국인이었기 때문에 이스-그리욧이라고 불려졌던 것이다.

　갈보리 음모에서 외국인 유다와 이두메니아 유대인(또다른 외국인)이었던 헤롯은 예수님의 죽음에 공통적인 이해 관계를 가지고 있었다. 어떤 학자들은 유다가 처음부터 예수 그리스도의 사역을 감시하는 헤롯의 스파이였다고 믿는다.

　유다가 은전 30냥을 요구할 때, 유통시킬 수도 없는 성전 세겔로 달라고 한 이유는 무엇인가? 경건한 유대인이었다면 그는 그 돈을 쓸 수 없었고, 성전 관리들은 유다에게 그 돈을 줄 수 없었다. 그러나 그들은 그렇게 했다. 그것으로 미루어 볼 때, 유다와 헤롯, 그리

고 헤롯이 정치적으로 임명한 대제사장 가야바 사이에 오랜 기간 동
안 공모가 있었음을 알 수 있다.

헤롯과 바리새인들

많은 바리새인들이 예수님을 지원했다는 성경적 증거는 누가복음
13장 31절에서 발견되어진다. "곧 그 때에 어떤 바리새인들이 나아
와서 이르되 나가서 여기를 떠나소서 헤롯이 당신을 죽이고자 하나
이다"

이 바리새인들은 예수님께 찾아와 헤롯이 마치 세례 요한을 처형
했듯이 예수님도 죽이려 한다고 경고해 주었다. 이스라엘의 모든 사
람은 헤롯이 냉혹한 살인자라는 사실을 알고 있었다. 그는 10명의
아내들 중에서 9명을 죽였다. 만약에 바리새인들이 예수님을 죽기를
원했다면 그들은 결코 예수님께 경고해 주지 않았을 것이다. 그들은
예수님의 생명을 구하기 위해 찾아왔다.

더 나아가 요한복음은 바리새인들이 예수님의 사역에 대해 의견이
서로 나누어져 있었음을 보여 준다. 그 상황은 예수님께서 침을 섞
은 진흙으로 소경을 치유해 주신 이야기에서 분명하게 나타난다.

왜 예수님께서 땅에 침을 뱉으셨는가? 1세기의 유대인들은 모든
가정의 장남의 침에는 치유의 능력이 있다고 믿었기 때문이다. 예수
님께서는 자신의 행동으로 자신이 아버지의 장남, 하나님의 독생자
이심을 증명하셨던 것이다. "바리새인 중에 혹은 말하되 이 사람이
안식일을 지키지 아니하니 하나님께로서 온 자가 아니라 하며 혹은

말하되 죄인으로서 어떻게 이러한 표적을 행하겠느냐 하여 피차 쟁론이 되었더니"(요 9 : 16).

성경에는 유대인들이 일치해서 예수님을 반대했다는 기록은 없다. 그와는 반대로 많은 바리새인들은 예수님을 하나님께서 보내신 사람이라고 고백했으며, 갈보리까지 그분을 따라갔다.

유대인들이 십자가 사건으로 인해
비난을 받는 이유는 무엇인가?

반유대주의는 지옥에서 온 귀신의 영이다. 나는 그것이 유대인들이 영적인 어두움 속으로 진리의 횃불, 하나님의 말씀, 세상의 빛을 가져다주었기 때문에 그들을 괴롭히기 위한 것이라고 믿는다. 증오는 지성의 암이며, 정신을 오염시킨다. 폭력의 불꽃은 마치 뜨거운 열기에서 불꽃이 타오르듯이, 적개심의 불씨에서 타오르게 된다. 아브라함의 후사들보다 이것에 대해 더 잘 아는 민족은 없다.

유대인들은 아무런 논리적 이유도 없이 여러 가지 일들로 인해 비난을 받는다. 그리고 동일한 이유로 성공한 사업가나 잘 생긴 젊은 이들이 그의 동료들로부터 미움을 받거나 질투를 받는다. 이스라엘 나라는 복을 받았다. 그들은 하나님의 택하심을 받았다.

모세는 이스라엘에 대해 다음과 같이 썼다. "너는 너의 하나님 여호와의 성민이라 여호와께서 지상 만민 중에서 너를 택하여 자기의 기업의 백성을 삼으셨느니라"(신 14 : 2).

하나님께서 이스라엘을 자신의 백성으로 선택하신 이유는 무엇인가? 이 질문에 대한 대답은 이스라엘에 대한 하나님의 목적에 나타나 있다. 하나님께서 아브라함에게 큰 나라의 아버지가 되리라고 약속하셨을 때, 바로 그 나라를 통해서 모든 백성을 축복해 주시겠다고도 약속하셨다.

이스라엘은 복을 받을 뿐만 아니라 복의 통로가 되었다. 애굽으로부터 기적적으로 구원을 받은 것은 다른 나라들에게 이스라엘의 하나님이 유일하고도 진정한 하나님이심을 보여 주기 위한 것이었다. 더 나아가 이사야는 메시야가 이방인들에게도 구원을 가져다주실 것이라고 예언했다(사 49 : 6). 예수 그리스도의 생애와 사역과 죽음은 모두 하나님께서 택하신 복의 통로인 이스라엘을 통해서 이루어졌다.

유대인들은 시험을 받았다. 그리고 그들은 용기를 나타내는 방법을 알고 있다. 또 우리가 소수 민족에 속해 있을 때, 용기를 시험받을 수 있고, 우리가 다수 민족에 속해 있을 때, 관용을 시험받을 수 있다. 예수님께서는 "네 이웃을 네 몸과 같이 사랑하라"(마 22 : 39)고 가르치셨다. 유대인을 사랑하지 않으면서 "나는 크리스천이다!"라고 말할 수는 없다.

그러면 누가 비난을 받아야 하는가?

우리는 몇몇 바리새인들과 정치적으로 통제를 받은 한 사람의 대제사장에 대해 분노하고 증오해야 하는가? 아니다. 예수님께서 마지막 숨을 거두실 때, 자기에 대해 음모를 꾸민 사람들까지 용서하셨다. "아버지여 저희를 사하여 주옵소서 자기의 하는 것을 알지 못함 이니이다"(눅 23 : 34). 하나님께서 예수 그리스도를 십자가에 못박 으려는 갈보리 음모에 가담한 소수의 유대인들을 용서하셨다면 크리 스천들이 그렇게 하지 못할 이유가 무엇인가?

그러면 누가 예수 그리스도의 죽음에 대해 책임을 져야 하는가? 그 대답은 간단하다. 우리가 져야 한다는 것이다. 비록 우리가 갈보 리 음모를 꾸미는 은밀한 회합에 참여하지 않았을지라도, 비록 우리 가 그리스도의 생명을 팔거나 은전을 받고 그분을 넘겨주지 않았을 지라도, 구세주께서는 우리 때문에 갈보리에 가셨던 것이다.

예수님께서는 자신의 생명을 빼앗긴 것이 아니라 스스로 그것을 넘겨주셨던 것이다. 예수님께서는 자기를 따르는 자들에게 다음과 같이 말씀하셨다. "아버지께서 나를 아시고 내가 아버지를 아는 것 같으니 나는 양을 위하여 목숨을 버리노라 ··· 아버지께서 나를 사랑 하시는 것은 내가 다시 목숨을 얻기 위하여 목숨을 버림이라 이를 내게서 빼앗는 자가 있는 것이 아니라 내가 스스로 버리노라 나는 버 릴 권세도 있고 다시 얻을 권세도 있으니 이 계명은 내 아버지에게 서 받았노라"(요 10 : 15, 17-18).

왜 우리가 예루살렘 사람들을 염려해야 하는가? 예수님께서 "내가 진실로 너희에게 이르노니 너희가 여기 내 형제 중에 지극히 작은 자 하나에게 한 것이 곧 내게 한 것이니라"(마 25 : 40)고 말씀하셨 기 때문이다. 예수님께서 말씀하신 "내 형제"는 어떤 기독교 교파가 아니라 유대인들이다. 성경에서 예수님께서는 이방인들을 가리켜

"내 형제"가 아니라 "개"라고 언급하셨다(마 15 : 26-27).

바울은 십자가 사건 이전의 이방인들의 영적인 상태에 대해 다음과 같이 냉혹하게 묘사하고 있다. "그 때에 너희는 그리스도 밖에 있었고 이스라엘 나라 밖의 사람이라 약속의 언약들에 대하여 외인이요 세상에서 소망이 없고 하나님도 없는 자이더니"(엡 2 : 12). 그러나 그리스도의 구원을 통해서 우리는 하나님의 가정에 입양될 수 있는 기회를 얻었다. 사도 요한은 다음과 같이 썼다. "영접하는 자 곧 그 이름을 믿는 자들에게는 하나님의 자녀가 되는 권세를 주셨으니 이는 혈통으로나 육정으로나 사람의 뜻으로 나지 아니하고 오직 하나님께로서 난 자들이니라"(요 1 : 12-13).

가지가 감람나무에 접붙여져 열매를 맺듯이, 세상의 이방인들도 나사렛 예수의 대속의 피를 통해 아브라함의 복에 접붙여졌다.

이방인으로서 나는 죽을 수밖에 없었지만 예수님께서 십자가를 지심으로 나에게 영생을 주셨다.

이방인으로서 나는 병들 수밖에 없었지만 예수님께서 채찍에 맞으심으로 치유되어졌다.

이방인으로서 나는 침울하고 절망하고 죽을 수밖에 없었지만, 예수님께서 자신의 생명을 주심으로 나는 말로 표현할 수 없는 기쁨과 이해할 수 없는 평화를 얻게 되었다. 나는 무기력한 영 대신에 찬양의 옷을 입게 되었고 영생을 얻었다.

이방인으로서 나는 이스라엘의 축복 밖에 있었다. 그러나 예수님께서 나를 하나님의 가족에 접붙여 주셔서, 이제는 아브라함의 복이

나의 것이 되었다.

이방인으로서 나는 거부되어야 마땅하지만, 예수님을 통하여 하나
님 아버지께서 나를 입양해 주시고, 그리스도와 더불어 후사가 되게
하셨다.

나는 그분이 가진 모든 것을 얻게 되었고,

그분은 내가 가진 모든 것을 가져가셨다.

나는 그분의 부를 얻었고, 그분은 나의 가난을 가져가셨다.

나는 그분의 용서를 얻었고, 그분은 나의 죄와 수치를 가져가셨다.

나는 그분의 사랑과 받아들이심을 얻었고,

그분은 나의 거부를 가져가셨다.

나는 그분의 치유를 얻었고, 그분은 나의 질병을 가져가셨다.

나는 그분의 권능을 얻었고,

그분은 나의 두려움과 연약함을 가져가셨다.

예수 그리스도께서는 책임지지 않아도 될 빚을 갚으셨다. 나는
도저히 갚을 수 없는 빚을 지고 있었다. 갈보리 십자가에서 예수님
께서는 하나님도 없고, 희망도 없는 모든 이방인에게 못에 찔린 손
을 내미셨다.

그리고 그분은 우리를 아브라함의 복에 접붙여 주셨다. 갈보리
사건은 유대인들 때문에 생긴 것이 아니었다. 그것은 "창세 전부
터" 우리들 때문에 하나님께서 미리 예정하신 것이었다(계 13 : 8).

할렐루야 십자가!

06

하나님께서 유대인들을
거부하셨는가?

역사적으로 이스라엘과 유대인들을 향한 증오의 공격을 검토해 보았을 때, 무엇이 기독교인들의 공격을 조장했는지 궁금했다. 최초의 천년, 그리고 중세 시대, 그리고 20세기의 신학자들이 그토록 끈질기고 폭력적인 공격을 한 이유는 무엇인가? 우리가 이미 논의한 적대적 신화 이외에 어떤 개념이나 가정이나 선언이 이와 같은 증오의 눈사태를 일으키기 시작했다. 내가 살펴보건대, 독약의 샘을 확인하는데는 그렇게 오랜 시간이 걸리지 않았다. 그것은 바로 대체 신학이었다.

이 증오의 이단 사설은 주일학교 때부터 가르쳐져 어린이들의 마음에 깊은 인상을 심어주었다. 수세대의 어린이들은 냉혹한 유대인들이 하나님의 독생자를 잡아 십자가에 못박아 죽였다는 것을 믿으며 성장하고 있다. 호전적인 성직자들은 또다시 반유대주의를 기독교의 미덕으로 선포하고 있다. 이러한 설교자들은 유대인들을 공격하면서 자신들이 "믿음을 수호하고 마귀와 싸우고 있다."고 주장한다.

아돌프 히틀러도 마찬가지였다. 그는 다음과 같이 말했다. "나는 전능하신 창조주의 뜻에 따라 행동하고 있다. 나는 유대인들에 대해 나 자신을 방어함으로써 주님의 사역을 위해 싸우고 있는 것이다."

대부분의 복음주의자들은 유대인들이 예수님이 메시야라는 사실을 거부했으며, 그러므로 하나님의 영원한 심판을 받아야 한다고 믿는다. 대체 신학(Replacement Theology)은 "이스라엘이 하나님께서 보내신 예수 그리스도를 받아들이지 않았기 때문에 그들과의 언약은 깨어졌다"라고 적는다.

1세기에 신학적 반유대주의는 "교회는 새로운 이스라엘이다."라고 가르치기 시작했다. 이방인 개종자들은 하나님의 섭리에 있어서 유대인들의 우선권을 거부했다. 거만하고 교만에 가득 찬 정신이 이런 증오의 신학을 만들어서 오늘날까지 번창시키고 있고 그런 개념은 자만심에 호소하고 있다.

히틀러는 도취된 청중들에게 "우리는 하나님의 진정한 백성들이다."라고 외치면서 독일 사람들에게 이런 아이디어를 팔았다. 지구의 반대편에서는 일본이 그들 자신을 "하늘의 아들"이라고 불렀다. 물론 미국 사람들도 하나님께서 자신들을 가장 사랑하시기 때문에 그들 모두 틀렸다고 생각했다. 하나님께서 보좌에 앉으셔서 성조기를 흔들고 계신다고 생각했다.

하나님께서 우리를 **가장** 사랑하신다는 생각이 얼마나 어리석은지 알 수 있을 것이다. 그러나 192개의 미국 기독교 교파들의 강단에서 흘러나오는 메시지를 들어 보라. 주제는 매우 분명하다. "하나님께서 우리 교파를 가장 사랑하신다."는 것이다. 비록 자기 중심적 신학이 영혼의 암세포일지라도, 대체 신학은 자아에 대한 음악이다.

성경적 진리는 하늘에 계신 아버지께서 우리 **모두**를 사랑하신다는 것이다. 그분은 나의 적들의 적이 아니시다. 하나님께서는 그분의 적대자들의 적도 아니시다. 성경은 "원수를 사랑하라"고 가르치기 때문이다. 그것은 충격적인 생각이다. 하나님께서는 다른 종교에 속한 사람들도 사랑하신다.

우리가 하나님의 유일한 백성이라는 자기 만족적인 개념을 채택할 때, 유대인들에게 등을 돌리게 된다. 왜냐하면 성경은 분명히 그들이 "택한 백성"이라고 말하고 있기 때문이다. 둘 다 "하나님의 유일한 백성"이 될 수 없다.

대체 신학은 새로운 계시가 아니며, 그것은 오래된 이단 사설이다. 초대 교회의 1세기에 죽은 기독교 순교자인 안디옥의 이그나티우스는 그의 서신에서 교회를 "새로운 이스라엘"이라고 표현했다. 그는 또한 이스라엘의 선지자들과 영웅들은 "그 시대의 크리스천들"이며 유대교의 일부가 아니라고 말했다. 흥미롭게도 이 초대 교회의 학자는 발람과 압살롬과 유다를 진정한 유대인이라고 말하는데 별로 어려움을 느끼지 않았다.

　대체 신학은 이런 입장을 지지하기 위해서 성경을 해석하는데 알레고리적 방법을 사용해야만 했다. 이 방법은 알렉산드리아에서 처음 가르쳐졌으며, 플라톤의 이데아론에 기초하고 있는데, 성경 본문을 영적으로 해석하여 숨겨진 영적 의미를 찾아낸다. 그러나 그것은 역사적 문자적 의미를 완전히 도외시한다. 성경 해석에 있어서 알레고리적 방법을 사용하면 어떤 이론도 뒷받침해 줄 수 있는 신학을 만들어 낼 수 있다. 하지만 그것은 진리가 아니다. 거기에는 성경적 기초가 없으며, 그것은 거짓말을 하기 위해 하나님의 말씀을 왜곡시키는 것이다.

　교회가 새로운 이스라엘이라고 가르치는 집단은 그들의 입장을 정당화시키기 위해서 알레고리적 방법을 사용해야만 한다. 그것으로는 성경의 문자적 의미를 밝혀낼 수 없다. 그리고 하나님과 이스라엘의 관계는 끝나고 교회가 그 자리를 차지하게 되었다는 결론을 내리게 된다. 성경은 교회와 이스라엘이 병존하며, 어제나 오늘이나 내일도 서로를 대체할 수 없다는 사실을 분명하게 지적하고 있다.

　바울은 그 모든 문제에 대해서 단번에 대답해 주고 있다. "하나님이 자기 백성을 버리셨느뇨 그럴 수 없느니라 … 하나님이 그 미리 아신 자기 백성을 버리지 아니하셨나니…"(롬 11 : 1-2). 이 사상은 너무나도 중요하기 때문에 바울은 같은 장에서 2번씩이나 그것에 대해 말하고 있다. "그러므로 내가 말하노니 저희가 넘어지기까지 실족하였느뇨 그럴 수 없느니라 저희의 넘어짐으로 구원이 이방인에게 이르러 이스라엘로 시기나게 함이니라"(롬 11 : 11).

유대인들은 예수님께서 메시야이심을 거부했는가?

예수님 당시의 유대인들은 그분이 메시야이심을 거부했는가? 이제 성경의 기록을 검토해 보자.

유대의 현인들은 성경상 메시야에게 두 가지 측면이 있다고 가르쳤다. 즉 고난받는 메시야(하나님의 어린 양)와 통치하시는 메시야(유다의 사자)다. 성경에는 메시야가 이 두 가지 모습을 가지고 있다는 점을 분명하게 하고 있다.

예수님 당시 로마의 압제를 받던 유대인들은 오직 통치하시는 메시야만 찾고 있었다. 십자가에 못박히신 나사렛 예수는 승리의 메시야라는 개념과 어울리지 않았다. 메시야의 진정한 정체성에 대한 이러한 무지는 하나님께서 유대인들에게 보내 주신 것이었다(신 29 : 4; 사 6 : 9; 렘 5 : 21; 겔 12 : 2; 마 13 : 14-15; 요 12 : 40). 그리고 그것은 오늘날까지도 남아 있다.

그 이유는 무엇인가? 만약에 유대인들이 고난받는 메시야를 받아들인다면 모든 이방인이 영원히 잃어버린 자들이 될 것이기 때문이다. 바울은 다음과 같이 말함으로써 이것을 확인하고 있다. "그러므로 내가 말하노니 저희가 넘어지기까지 실족하였느뇨 그럴 수 없느니라 저희의 넘어짐으로 구원이 이방인에게 이르러 이스라엘로 시기나게 하이니라"(롬 11 : 11).

고난받는 예수를 진정한 메시야로 보지 못한 것은 이방인들에게 구원의 기회를 주기 위해 영원 전부터 존재한 하나님의 주권적 계획이었다. 바울은 "하나님이 모든 사람을 순종치 아니하는 가운데 가

두어 두심은 모든 사람에게 긍휼을 베풀려 하심이로다"(롬 11 : 32)
라고 말하고 있다.

예수님을 위한 하나님의 뜻

성경을 읽은 사람이라면 그 누구도 하나님의 주권적인 뜻을 변경
시킬 수 없음을 알 수 있을 것이다. 이것은 예수 그리스도의 생애
에 대해서도 마찬가지다. 예수님의 생애를 위한 하나님의 뜻은 무
엇인가?

누가복음에서 성령님께서는 시므온을 통하여 다음과 같이 말씀하
셨다.

> "성령의 감동으로 성전에 들어가매 마침 부모가 율법의 전
> 례대로 행하고자 하여 그 아기 예수를 데리고 오는지라 시므
> 온이 아기를 안고 하나님을 찬송하여 가로되 주재여 이제는
> 말씀하신 대로 종을 평안히 놓아 주시는도다 내 눈이 주의 구
> 원을 보았사오니 이는 만민 앞에 예비하신 것이요 이방을 비
> 추는 빛이요 주의 백성 이스라엘의 영광이니이다 하니"(눅
> 2 : 27-32)

성령님께서 유대 선지자 시므온을 통해 예수님의 생애의 주권적 목
적은 "이방의 빛"이 되기 위한 것이라고 선언하셨다(사 42 : 6).

이것은 충격적인 계시였다. 왜냐하면 유대인들은 이방인들을 부정

하다고 생각했기 때문이다. 이방인들은 다음과 같이 묘사되어졌다. "그 때에 너희는 그리스도 밖에 있었고 이스라엘 나라 밖의 사람이라 약속의 언약들에 대하여 외인이요 세상에서 소망이 없고 하나님도 없는 자이더니"(엡 2 : 12).

"부정한" 다신교 이방인들에 대한 제자들의 편견이 너무나도 강했기 때문에 주의 천사가 베드로에게 고넬료의 집에서 이방인들에게 복음을 전하라고 책망하였다(행 10 : 19-20). 그것이 바로 예수님께서 제자들에게 "너희는 온 천하에 다니며 만민(모든 피조물)에게 복음을 전파하라"(막 16 : 15)고 명령하신 이유이다. 이방인들도 피조물로 인식되어졌던 것이다.

세례 요한의 말

예수님께서 세례를 받기 위해 요단강으로 나가셨을 때, 세례 요한은 그의 청중들에게 "보라 세상 죄를 지고 가는 하나님의 어린양이로다"(요 1 : 29) 라고 말했다. 그 말을 듣고 있던 모든 유대인은 요한의 말 속에 숨어 있는 상징을 이해했다. 어린양과 관련된 것은 오직 하나밖에 없었다. 그것은 죽음이었다. 요한은 예수님의 생애의 주된 목적이 면류관이 아니라 십자가였음을 말했던 것이다. 그리고 그는 왕관이 아니라 죽음에 대해 말했던 것이다.

요한계시록을 기록한 요한은 예수님을 "창세 전에 죽임을 당한 어린양"(계 13 : 8) 이라고 묘사함으로써 증인의 대열에 합류하고 있다. 태초부터 하나님께서는 예수님을 죽게 만드셨다. 만약에 예수님께서 유대의 통치하시는 메시야가 되셨다면 하나님의 주권적인 뜻을 이행하지 못하셨을 것이다.

위기 신학

대체 신학은 위기 신학을 낳았다. 그 이론은 다음과 같다. 하나님께서는 예수 그리스도의 생애를 위해 계획 A와 계획 B를 세우셨다. 계획 A는 예수님께서 이스라엘의 메시야가 되시는 것이다. 계획 B는 갈보리 십자가다. 유대인들이 예수님을 메시야이심을 거부했기 때문에 하나님께서는 계획 B, 즉 십자가를 선택하지 않을 수 없었다.

이런 생각은 쓰레기에 지나지 않는다. 첫째, 주권적이고 전능하신 하나님께서는 인간의 선택에 좌우되지 않으신다. 둘째, 성경은 태초부터 하나님의 계획은 예수님의 죽음이라는 사실을 분명하게 지적하고 있다.

예수님께서는 자신의 생애에 대한 하나님의 계획을 알고 계셨다. 그리고 니고데모에게 다음과 같이 말씀하셨다. "모세가 광야에서 뱀을 든 것 같이 인자도 들려야 하리니 이는 저를 믿는 자마다 영생을 얻게 하려 하심이니라"(요 3 : 14-15). 이것은 십자가상에서 자신에게 다가올 죽음에 대한 분명한 언급이다.

베다니의 마리아가 그분의 발에 향유를 부었을 때, 예수님께서는 "저가 힘을 다하여 내 몸에 향유를 부어 내 장사를 미리 준비하였느니라"(막 14 : 8)고 말씀하셨다. 예수님께서는 자신의 제자들에게

"이같이 그리스도가 고난을 받고 제 삼일에 죽은 자 가운데서 살아날 것"(눅 24 : 46)을 말씀해 주셨다. 성경은 하나님의 뜻이 예수님께서 십자가에 달려 죽으시는 것이며, 예수님께서는 그 사명을 기쁜 마음으로 감당했다는 사실을 분명하게 말하고 있다.

예수님께서 자신의 생애에 대한 목적을 분명하게 알고 계셨음에도 불구하고 유대인들이 그분을 메시야로 받아들이지 않은 이유는 무엇인가? 그것에 대해 생각해 보자.

- 태초부터 예수님께서 죽는 것이 하나님의 뜻이었다면,
- 죽기까지 순종하는 것이 예수님의 뜻이었다면,
- 신약의 어느 구절도 예수님께서 통치하시는 메시야가 되기 위해 오셨다고 말하지 않는다면,
- 예수님께서 말과 행동으로 메시야로서의 보좌를 거부하셨다면, 결코 제시되지 않은 것을 거부했다고 유대인들을 비난할 수 없을 것이다.

우리에게 표적을 보여 주소서!

유대인들은 예수님께서 메시야이신지를 알기를 원했다. 그러나 예수님께서는 그들의 질문에 대답하시기를 끈질기게 거부하셨다. 성경의 역사를 생각해 보자. 유대인들은 그들의 지도자들이 초자연적인 표적으로 하나님으로부터 받은 소명을 증명해 보이기를 원했다. 하나님께서 모세를 애굽으로 보내셔서 수백만 명의 히브리 노예들을

그들의 속박에서 해방시키셨을 때, 하나님께서는 모세에게 4가지 표적들을 주셨는데, 이스라엘 사람들은 그것을 통해 그가 자신들을 인도할 자로 선택받았다는 사실을 확신할 수 있었다.

하나님께서 모세에게 주신 첫 번째 표적은 지팡이로 뱀이 되게 하는 기적이었다. 이 표적은 그 백성들뿐만 아니라 모세에게도 확신을 심어주었다. 뱀이 땅바닥을 기어 다닐 때, 모세가 가지고 있던 의심들도 사라져 버렸다.

두 번째 표적은 문둥병에 걸렸다가 치유된 것이었다. 하나님께서 모세에게 그의 손을 품 속에 집어 넣으라고 말씀하셨고 그가 그렇게 하자 즉시 문둥병에 걸려 하얗게 되었다. 하나님께서 모세에게 두 번째로 그 손을 품 속에 집어 넣으라고 말씀하셨다. 그가 그 손을 끄집어냈을 때, 그의 손이 "여상(如常)하게"(출 4 : 7) 회복되어졌다.

하나님께서 계속해서 다음과 같은 말씀으로 모세에게 가르침을 주셨다. "여호와께서 가라사대 그들이 너를 믿지 아니하며 그 처음 이적의 표징을 받지 아니하여도 둘째 이적의 표징은 믿으리라 그들이 이 두 이적을 믿지 아니하며 네 말을 듣지 아니하거든 너는 하수를 조금 취하여다가 육지에 부으라 네가 취한 하수가 육지에서 피가 되리라"(출 4 : 8-9).

이 4가지 표적으로 모세는 이스라엘의 백성들에게 자기가 하나님의 기름 부으심을 받은 지도자라는 사실을 납득시켰다.

하나님께서 예수님으로 하여금 이스라엘의 메시야가 되게 하셨다면 왜 초자연적인 표적을 사용하여 그분이 하나님의 기름 부으신 자이심을 증명하지 않으셨는가? 모세의 표적을 알고 있던 유대인들은 예수님께서 기름 부으심을 받은 자이심을 증명해 주는 초자연적인 표적을 요구했다.

하지만 예수님께서는 그들을 책망하시면서 다음과 같이 말씀하셨다. "예수께서 대답하여 가라사대 악하고 음란한 세대가 표적을 구하나 선지자 요나의 표적밖에는 보일 표적이 없느니라 요나가 밤낮 사흘을 큰 물고기 뱃속에 있었던 것 같이 인자도 밤낮 사흘을 땅속에 있으리라"(마 12 : 39-40).

예수님께서는 표적을 보여 주시기를 거부하셨다. 그는 다만 자신을 선지자 요나에 비유하셨다. 요나는 하나님의 회개의 메시지를 니느웨의 이방인들에게 전한 사람이다. 예수님께서는 다음과 같은 뜻으로 말씀하신 것이다. "나는 하나님의 메시지를 이방인들에게 전하러 왔다. 요나가 삼일 밤낮 동안 큰 물고기 뱃속에 있었던 것 같이 나도 밤낮 사흘을 나의 무덤 속에 있을 것이다."

예수님께서 베드로에게 이방인들에 대한 특별한 사명을 주실 때에도 요나의 이름을 들추어내셨다. 예수님께서는 베드로에게 "바요나 시몬아 네가 복이 있도다…"(마 16 : 17) 라고 말씀하셨다. 바요나는 "요나의 아들"이라는 뜻이다. 예수님께서는 그 이름이 요나였던 시몬의 아버지를 말한 것이 아니라 니느웨의 이방인들에게 하나님의 메시지를 마지못해 전한 선지자 요나를 말한 것이었다. 베드로는 유대의 메신저로서 마치 요나처럼 고넬료의 집에서 이방인들에게 복음의 메시지를 전할 것이다.

유대인들이 표적을 구한 유일한 사람들은 아니었다. 예수님께서 재판을 받으러 가셨을 때, 헤롯 안디바는 "예수를 보고 심히 기뻐하니 이는 그의 소문을 들었으므로 보고자 한지 오래였고 또한 무엇이나 이적 행하심을 볼까 바랐던 연고(눅 23 : 8)"였다. 만약에 예수님께서 이스라엘의 통치하시는 메시야가 되기를 원하셨다면 헤롯 안디바 앞에서 기사와 이적을 행하시는 것은 단순한 일이었을 것이다. 그러나 예수님께서 헤롯 안디바 앞에서 표적을 보여 주시기를 거부하셨다. 왜냐하면 그것은 아버지의 뜻이 아니었기 때문이다. 예수님께서는 그들의 메시야가 되기를 촉구하는 유대인들에게 거듭해서 "내 나라는 이 세상에 속한 것이 아니라…"(요 18 : 36)고 대답하셨다.

"아무에게도 말하지 말라"

만약에 예수님께서 통치하시는 메시야가 되기를 원하셨다면 왜 거듭해서 자신의 제자들과 추종자들에게 자신의 초자연적인 표적에 대해 "아무에게도 말하지 말라"고 말씀하셨을까? 그것에 대해 생각해 보자. 만약에 로마를 전복시키기 위해 대중적인 지지를 받기 위해서 범국가적인 관심을 끌려고 했다면 예수님께서는 사람들에게 조용히 있으라고 훈계하지 않으셨을 것이다.

예수님께서는 다른 정치가들처럼 행동하고 대중에게 노출될 수 있는 기회를 적극적으로 활용했을 것이다. 정치적인 게임의 요점은 자신의 뜻을 대중에게 알리는 것이다. 자신이 누구이며, 무엇을 하고자 하는지를 사람들에게 알리는 것이다.

그러나 예수님께서는 어떻게 하셨는가?

사복음서에서 64번이나 예수님께서는 자신의 인기에 찬물을 끼얹으셨다. 자신이 메시야가 되기를 바라는 사람들에게 "아무에게도 말하지 말라"고 가르치셨다. 사람들은 예수님께서 그들의 승리로운 메시야가 되기를 원했다. 그러나 예수님께서는 한사코 그것을 거부하셨다.

예수님께서 문둥병자를 치유해 주셨을 때, 그에게 "삼가 아무에게도 이르지 말고 다만 가서···"(마 8 : 4) 라고 말씀하셨다. 또 예수님께서는 야이로의 딸을 살리셨을 때, 소녀의 부모에게 아무에게도 그 일을 말하지 말라고 부탁하셨다(눅 8 : 56). 귀먹고 어눌한 자를 치유해 주셨을 때에도 아무에게도 말하지 말라고 명령하셨다(막 7 : 36). 벳새다에서 눈에 침을 바르심으로 소경을 치유해 주셨을 때에도 "···마을에도 들어가지 말라"(막 8 : 26)고 말씀하셨다. 예수님께서 두 명의 소경들을 한꺼번에 치유해 주셨을 때에도 "···삼가 아무에게도 알게 하지 말라"(마 9 : 30)고 엄히 경고하셨다.

성급한 베드로는 더 이상 신비를 견디지 못하고 "···주는 그리스도시니이다"(막 8 : 29) 라고 부르짖었다. 당신은 기름 부으심을 받은 자이십니다. 당신은 로마에 반역하는 유대인들을 인도하실 메시야이십니다!

예수님께서는 자신의 제자들에게 "자기의 일을 아무에게도 말하지 말라"(막 8 : 30)고 명령하셨다.

변화산에서 베드로, 야고보, 요한은 모세와 엘리야가 예수님과 말씀을 나누는 소리를 들었다. 그들은 큰 구름 속에서 흘러나오는 "…
이는 내 사랑하는 아들이니 너희는 저의 말을 들으라"(막 9 : 7)는
하나님의 음성을 들었을 때, 두려워 떨었다. 그리고 그들이 산에서
내려오자 예수님께서는 "…인자가 죽은 자 가운데서 살아날 때까지
는 본 것을 아무에게도 이르지 말라"(막 9 : 9)고 명령하셨다.

예수님의 초자연적인 능력을 보고 놀란 사람들에게 "아무에게도
말하지 말라"고 명령하신 이유는 무엇인가? 왜냐하면 그분은 통치하
시는 메시야로 오지 않으셨기 때문이다.

예수님께서 보리떡 두 개와 물고기 다섯 마리로 5,000명을 먹이셨
을 때, 많은 유대인들이 그분을 따랐을 것이다. 죽은 나사로를 살리
셨을 때, 다른 유대인들이 기꺼이 그분께 생명을 바치겠다고 서약했
을 것이다. 그러나 예수님께서는 자신이 메시야임을 입증하기 위해
서가 아니라 백성들의 필요를 충족시켜 주기 위해서 그런 기적들을
행하셨던 것이다.

예수님을 따른 수많은 유대인들은 예수님께서 로마의 십자가에 달
리실 때까지, 그들의 메시야라는 생각을 포기하지 않았다. 하지만
예수님께서는 부활하신 후에도 그들이 기대하는 메시야가 아니라고
부인하셨다. 그러나 제자들은 여전히 예수님께 로마를 분쇄하실 것
이라는 희망의 끈을 놓지 않았고 그들은 예수님께 "…주께서 이스라
엘 나라를 회복하심이 이 때니이까"(행 1 : 6) 라고 물었다.

예수님을 따른 유대인들은 예수님께서 그들을 통치하시는 메시야가
되기를 원했던 것이다. 그러나 그분은 단호하게 그것을 거부하셨다.

유대인 어머니

야고보와 요한의 어머니도 메시야로서의 예수님의 역할에 대해 나름대로 생각을 가지고 있었다. 십자가의 그림자가 갈보리의 피묻은 모래 위에 드리워질 때까지도 그녀는 예수님께서 그분의 나라를 세우실 때에 자기의 두 아들들을 그분의 좌우편에 앉혀 달라고 말했다 (마 20 : 20-23). 그녀는 고난받는 메시야와 로마의 십자가에 대해서는 생각하지 않았다. 그녀는 단지 이 땅의 정치적인 왕국에서 그녀의 아들들이 영향력 있고 권력 있는 자리를 차지하기를 원했다. 예수님께서 유대를 통치하시는 메시야로서 로마를 패배시키실 때, 자기의 아들들이 높은 자리에 앉기를 원했다.

그녀에 대한 예수님의 반응은 어떠했는가? 예수님께서는 그녀를 쳐다보시면서 다음과 같이 말씀하셨다. "너희 구하는 것을 너희가 알지 못하는도다…"(마 20 : 22). "인자가 온 것은 섬김을 받으려 함이 아니라 도리어 섬기려 하고 자기 목숨을 많은 사람의 대속물로 주려 함이니라"(마 20 : 28).

엠마오로 가는 제자들

엠마오(예루살렘 외각 약 7마일 지점)로 가는 두 제자들도 예수님께서 통치하시는 메시야기 되시기를 원했다. 그들이 길을 갈 때에 예수님께서 그들과 동행하셨다. 그러나 그들은 예수님을 알아보지 못했다.

예수님께서 물으셨다. "너희가 길 가면서 서로 주고받고 하는 이야기가 무엇이냐···"(눅 24 : 17).

글로바라는 제자가 대답했다. "···당신이 예루살렘에 우거하면서 근일 거기서 된 일을 홀로 알지 못하느뇨"(눅 24 : 18).

예수님께서 대답하셨다. "무슨 일이뇨···"(눅 24 : 19).

그들이 대답했다. "···나사렛 예수의 일이니 그는 하나님과 모든 백성 앞에서 말과 일에 능하신 선지자여늘 우리 대제사장들과 관원들이 사형 판결에 넘겨주어 십자가에 못박았느니라 우리는 이 사람이 이스라엘을 구속할 자라고 바랐노라···"(눅 24 : 19-21).

엠마오로 가는 두 제자들도 예수님의 메시야 되심을 거부하지 않았다. 그러나 그들의 희망은 산산조각이 났다. 예수님께서 그들의 집에 들어가 교제를 나누실 때에야 비로소 그분을 알아보았다. 예수님께서 식탁에 앉으셔서 손을 들어 축사하시고 떡을 떼실 때, 그들은 못 자국이 있는 그분의 손을 보고 예수님을 알아보았다. 그 때, 예수님께서는 즉시 사라지셨다! 예수님께서는 그들의 통치하시는 메시야가 되기를 거부하시고 그 대신에 세상의 구세주가 되기를 선택하셨다.

예수님께서 잔을 거부하심

예수님께서 그분의 제자들과 함께 최후의 유월절 만찬을 행하실 때에 그분은 마지막으로 이스라엘의 메시야가 되기를 거부하셨다.

그것에 대해 설명하자면 다음과 같다. 랍비 아놀드 사인버그와 함께 샌안토니오의 정통 회당에서 유월절 만찬에 참석한 것은 나에게 큰 특권이었다. 유월절 만찬에서 식사와 함께 네 잔의 포도주가 주어졌는데, 그것은 애굽에서 히브리 노예들의 눈물과 고난을 상징하는 것이었다.

- 첫째 잔은 기억의 잔이다.
- 둘째 잔은 구속의 잔이다.
- 셋째 잔은 구원의 잔이다.
- 넷째 잔은 메시야의 잔이다.

예수님과 그분의 제자들이 유월절 만찬에서 마지막 잔을 받게 되었을 때, 예수님께서는 메시야의 잔을 **마시기를 거부하셨다**. 그 대신에 예수님께서는 잔을 잡으시고 감사하시며 자신의 제자들에게 다음과 같이 말씀하셨다. "이것을 갖다가 너희끼리 나누라 내가 너희에게 이르노니 내가 이제부터 하나님의 나라가 임할 때까지 포도나무에서 난 것을 다시 마시지 아니하리라"(눅 22 : 17-18).

예수님께서는 그 잔을 마시기를 거부하시면서 말과 행동으로 메시야의 역할을 거부하셨다. 유대인들은 예수님이 메시야되심을 거부하지 않았다. 그러나 예수님께서는 그들의 통치하시는 메시야가 되라는 유대인들의 소망을 거부하셨다. 그분은 하나님의 어린양이셨고, 그분은 죽으셔야만 했다. 그러나 그 시점에서도 제자들은 그 진리를 받아들일 순비가 되어 있지 않았다.

두 개의 이스라엘

고난받는 메시야와 통치하시는 메시야라는 두 가지 메시야에 대

한 성경적 초상화는 예수 그리스도를 이미 오신 분과 장차 오실 분
으로 묘사하고 있다. 그와 같은 식으로 성경은 두 개의 이스라엘에
대해 말하고 있다. 하나는 실제적 이스라엘로서, 고유한 백성들과
예루살렘이라 불리는 수도를 가지고 있고, 성경에 분명하게 정의된
지리적 국경을 가지고 있다. 그러나 영적인 이스라엘도 있는데, 그
것은 영적인 백성들과 영적인 새 예루살렘을 가지고 있다. 영적인
이스라엘인 교회는 실제적 이스라엘의 복을 누리고 있다. 그러나
그것은 하나님의 영원한 계획에 있어서 실제적 이스라엘을 대신하
지 않는다.

이러한 구별은 이사야 40장 1절에 분명하게 언급되어져 있다. "너
희 하나님이 가라사대 너희는 위로하라 내 백성을 위로하라" 이 말
씀을 자세히 살펴보자. 누가 위로를 받는가? 한 그룹은 위로를 받고
다른 한 그룹은 위로를 해 주는 것이 분명하다.

논리적으로 볼 때, 위로를 해 주면서 동시에 위로를 받을 수 없
다. 이 구절에서 위로를 받는 사람은 "내 백성", 즉 유대인들이다.
그 다음 구절은 이 점을 분명하게 말하고 있다. "너희는 정다이 예
루살렘에 말하며 그것에게 외쳐 고하라 그 복역의 때가 끝났고 그
죄악의 사함을 입었느니라…"(사 40 : 2).

위로를 하는 사람은 영적인 이스라엘, 즉 교회다.

실제적 이스라엘과 영적인 이스라엘이라는 두 개의 이스라엘에
대한 성경적 개념은 창세기 22장 17절에서 아브라함의 씨에 대한
하나님의 계시에 의해 확인되어지고 있다. "내가 네게 큰 복을 주

고 네 씨로 크게 성하여 하늘의 별과 같고 바닷가의 모래와 같게 하리니…"

하나님께서는 두 가지의 구별되는 요소에 대해 언급하셨다. 즉 하늘의 별과 바닷가의 모래다.

"하늘의 별들"은 교회, 즉 영적 이스라엘을 상징한다. 별은 빛으로서 어두움을 지배하는데, 그것은 교회의 사명이다. 예수님께서는 "너희는 세상의 빛이라…"(마 5 : 14)고 말씀하셨다. 또 예수님께서는 "…광명한 새벽별"(계 22 : 16) 이라고 불리셨다. 다니엘 12장 3절은 다음과 같이 말하고 있다. "지혜 있는 자는 궁창의 빛과 같이 빛날 것이요 많은 사람을 옳은 데로 돌아오게 한 자는 별과 같이 영원토록 비취리라" 별은 길을 안내한다. 별은 동방박사들을 예수님께서 계신 베들레헴으로 인도했다.

별은 하늘에 있으며 땅에 있는 것이 아니다. 별은 교회, 즉 영적 이스라엘을 상징한다.

그 반면에 "바닷가의 모래"는 땅에 있으며, 예루살렘이 그 수도인 이 땅의 왕국을 상징한다. 별과 모래는 동시에 존재하며 서로를 대신할 수 없다. 그와 마찬가지로 이스라엘 나라와 영적 이스라엘, 즉 교회도 동시에 존재하며 서로를 대신할 수 없다. 요한계시록 7장 4-8절에서 실제적 이스라엘은 12지파와 144,000명으로 상징되어진다. 그들은 하나님의 인치심을 받아 대환란 기간 동안에 복음을 전한다.

1948년에 이스라엘은 다시 태어났다. 아브라함의 씨가 약속의 땅으로 되돌아와 세상에서 가장 역동적인 나라들 중 하나가 되었다.

그것이 다른 무엇을 대신했는가? 아니다. 다시 태어났는가? 그렇다!

요한계시록의 저자 요한에 따르면 이스라엘은 교회가 하늘에 있는 대환란 기간 중에도 번창한다. 요한은 다음과 같이 적고 있다. "내가 인 맞은 자의 수를 들으니 이스라엘 자손의 각 지파 중에서 인 맞은 자들이 십사만 사천이니"(계 7 : 4).

두 개의 이스라엘은 메시야께서 예루살렘성에 실제적으로 입성하시는 날에 서로 합쳐질 것이다. 스가랴 선지자는 메시야의 도래를 다음과 같이 묘사하고 있다. "내가 다윗의 집과 예루살렘 거민에게 은총과 간구하는 심령을 부어 주리니 그들이 그 찌른바 그를 바라보고 그를 위하여 애통하기를 독자를 위하여 애통하듯 하며 그를 위하여 통곡하기를 장자를 위하여 통곡하듯 하리로다"(슥 12 : 10).

우리가 평화스럽게 공존하며 결코 서로를 대신할 수 없는 두 개의 이스라엘이라는 개념을 파악하지 못한다면, 우리는 과거의 잘못된 교리에 빠지게 될 것이다. 비극은 우리의 무지가 궁극적으로 이스라엘과 유대인들에게 위해를 가져다주며, 우리와 우리의 후손에게 하나님의 진노가 임하게 만든다는 것이다.

이스라엘을 배척해야 하는가?

미국의 대체 신학자들은 다음과 같이 설교하고 있다. "만약에 크리스천들이 이스라엘을 지원하지 않고 그리스도를 거부하는 유대인들을 경제적으로 배척한다면 유대인들은 예수 그리스도를 받아들일 것이다."

이스라엘에 대한 경제적 배척은 유대인들이 회심하여 영적인 이스라엘이 되는 날을 결코 앞당기지 못할 것이다. 이와 같은 반유대적 논리는 역사와 성경을 무시하는 처사다.

유대인들은 십자군으로부터 경제적인 공격을 받았다. 십자군은 하나님의 이름으로 살인하고 약탈하며 강탈했다. 그러나 그들은 그런 비극이 있은 후에도 그리스도를 받아들이지 않았다. 스페인 종교 재판 때에 유대인들은 고문과 테러를 당했으며, 교회는 그들의 재산을 강탈했다. 그들이 교회로부터 사형 선고를 받았기 때문에 이방인들에게 자녀들을 넘겨주게 되었을 때에도 그들은 크리스천이 되지 않았다.

아돌프 히틀러도 유대인들이 직업을 갖지 못하게 함으로써 경제적으로 무릎을 꿇게 했다. 그는 악명 높은 "깨어진 유리잔의 밤"에 그들의 사업장을 파괴했다. 그리고 그의 나치 폭력단이 입힌 손실을 보전하기 위해 유대인들에게 수천만 마르크의 벌금을 부과했다. 히틀러가 600만 명을 조직적으로 살해했을 때에도 그들은 크리스천이 되지 않았다. 또 유대인들이 가스실로 걸어 들어갈 때, "어메이징 그레이스"가 아니라 "하키바"를 노래했다.

성경은 다음과 같이 말하고 있다.

· "온 이스라엘이 구원을 얻으리라…"(롬 11 : 26).
· "이스라엘이 메시야를 환영할 것이다"(슥 12 : 10 참조).
· "이스라엘이 회개하게 될 것이다"(롬 11 : 27 참조).

이스라엘이 언제 메시야를 환영할 것인가? 로마서 11장 25절을 보라. "형제들아 너희가 스스로 지혜 있다 함을 면키 위하여 이 비밀을 너희가 모르기를 내가 원치 아니하노니 이 비밀은 이방인의 충만한 수가 들어오기까지 이스라엘의 더러는 완악하게 된 것이라" **충만한 수**로 번역되어진 단어는 "플레로마(Pleroma)"라는 헬라어 단어다. 그 단어는 수를 뜻하는 것이 아니라 완성을 뜻한다.

월터 C. 카이저 주니어, 피터 H. 데이비스, F. F. 브루스, 맨프레드 T. 브라우크 등과 같은 학자들은 「강한 말씀 성경(Hard Sayings of the Bible)」에서 다음과 같이 쓰고 있다. "이방인들에 대한 사명의 완수는 이스라엘의 '충만', 즉 '완성'(롬 11 : 12)과 '받아들임'(롬 11 : 15)에 이르게 될 것이다. 바울은 미래에 하나님의 의도, 즉 '신비'가 실현되어질 것을 선포하고 있다(롬 11 : 25)··· 이 본문에 대한 가장 교훈적인 병행 구절은 - 이것은 이방인과 유대인을 같은 감람나무에 접붙이는 것을 말한다 - 에베소서 3장 3-6절이다. 거기서 바울은 '그리스도의 신비'의 내용은 새로운 기독교 공동체에서 이방인들을 유대인들과 함께 약속의 후사로 포함시키는 것이라고 말하고 있다."[1]

성경 학자들은 "온 이스라엘이 구원을 받으리라"는 말이 모든 개인이 아니라 이스라엘 "전체"를 의미한다는 사실에 동의하고 있다. "이방인의 충만"(롬 11 : 25)이라는 말이 모든 이방인 개인이 예수님을 메시야로 받아들일 것을 의미하지 않는 것과 마찬가지로, 모든 이스라엘 자손 개인이 다 그리스도를 믿지는 않을 것이다. 그러나

"이방인의 충만함"이 이르렀을 때, 즉 이방인의 은혜의 때가 완성되었을 때, 메시야의 정체성에 대한 그들의 무지를 제거하시고(롬 11:10), "온 이스라엘이 구원을 얻으리라···"(롬 11:26)고 하셨다.

앞에서 말한 학자들은 다음과 같이 쓰고 있다. "로마서 9-11장의 취지로 미루어 볼 때, 분명한 것은 이스라엘의 구원을 위한 하나님의 목적은 복음의 전파와 믿음의 응답을 통해 실현되어질 것이다."[2]

신실하게 복음을 전함으로써 유대인들을 그리스도께로 인도할 수 있을 것이다. 그러나 세계의 유대인들이 회심하고, 기독교의 문을 두드릴 것이라는 생각은 무지에서 나온 망상에 지나지 않는다. 2,000년 동안 반유대적 기독교가 온 세상을 유대인의 피로 물들였기 때문에 유대인들이 즉시 대량으로 회심하지는 않을 것이다.

로마서 1장 16절, "내가 복음을 부끄러워하지 아니 하노니 이 복음은 모든 믿는 자에게 구원을 주시는 하나님의 능력이 됨이라 첫째는 유대인에게요 또한 헬라인에게로다"를 인용하면서 유대인들의 회심을 목표로 삼는 자들은 성경을 왜곡시키고 있다. 로마서 1장 16절의 주제는 복음이다. "첫째는 유대인에게요"라는 바울의 말은 우선권을 가리키는 것이 아니다. 그의 말은 우선권이 아니라 순서를 말하고 있다. 복음은 먼저 유대인들에게 전해졌고(롬 3:2 참조) 그리고 나서 이방인들에게 전해졌다. 하나님께서는 사람을 차별하시는 분이 아니시다.

"네 이웃을 네 몸과 같이 사랑하라"고 말하는 기독교는 어디에 있는가? "사랑은 오래 참고 사랑은 온유하며 투기하는 자가 되지 아니하며"라고 말하는 기독교는 어디에 있는가? "내가 너희를 사랑한 것 같이 너희도 서로 사랑하라"는 말씀을 실천하는 크리스천은 어디에 있는가? 나사렛 예수 그리스도의 피로 거듭나서 "내 형제(유대인들) 중에 지극히 작은 자 하나에게 한 것이 곧 내게 한 것이니라"고 말한 기독교는 어디에 있는가?

유대인들과 유대교는 그들의 신뢰성을 잃어버리지 않았다. 그러나 기독교인들은 사랑의 법을 버리고, 소리나는 구리와 울리는 꽹과리가 되었다. 예수님께서 재림하실 때까지, 그분의 추종자들이 미워하고 강탈하고 약탈하면서도 뻔뻔스럽게 "우리만이 유일하게 하나님의 백성이다"라고 말하는데, 유대인들이 메시야를 따를 이유가 무엇인가?

대체할 수 있다면 다시 태어난 이유는 무엇인가?

1,800년 동안, 교부들은 교회가 새로운 이스라엘이라고 호언장담을 했다. 하나님께서 유대인들에게 등을 돌리셨다는 사실을 입증하기 위해서 그들은 방황하고 고통을 당하는 디아스포라 유대인들을 가리키며 "만약에 하나님께서 그들과 함께 하신다면 왜 그들이 집도 없이 유리 방황하는가?"라고 말했다.

그들은 대부분의 유럽 유대인들이 로마 교회의 통제를 받는 상황에서 살고 있었다는 사실을 망각하고 있다. 그들은 권리도 없이, 재산도 없이, 법적인 구제책도 없이, 인간으로서의 존엄성도 없이 살았고, 중세 교회는 스스로 성취시키는 예언을 만들었다.

대체 신학자들은 성경의 근본적인 사실을 무시하고 있다. 하나님께서 어떤 것을 제거하거나 파괴하시면 그 흔적조차 없어진다. 너무나도 철저히 파괴되어 고고학자들조차도 그 도시들의 잿더미를 발견할 수 없는 소돔과 고모라와 같이, 그것은 두 번 죽는다. 뿌리가 뽑히고 담장이 불타 영원히 망각되어진다. 만약에 교부들의 생각이 옳고 이스라엘이 정말로 대체되어질 수 있다면, 이스라엘은 사막의 태양 아래 있는 눈과 같이 완전히 사라져 버렸을 것이다. 그러나 이스라엘은 결코 사라지지 않았다.

1948년 5월 15일 2,000년 동안 방황한 후에 이스라엘이 재건되어졌을 때, 신학적 지진이 대체 신학을 뒤엎었다. 아브라함의 씨가 지구의 네 모퉁이에서 그들의 조상의 땅으로 되돌아왔다. 그들은 60개의 다른 언어를 사용하며 이방인의 "무덤"(겔 37 : 12)에서 일어나 40년 내에 초강대국이 된 나라를 건설했다. 이스라엘은 사라진 것이 아니라 건설되고 성장하며 발명하고 개발되었다. 사막은 이사야 선지자가 약속했듯이(사 35 : 1), 장미처럼 꽃을 피우고 있다.

중심적인 이슈를 피할 수 없다. 만약에 하나님께서 유대인과 이스라엘을 종식시키셨다면, 만약 그들이 아무런 목적이나 운명도 없는 과거의 유물이라면, 하나님께서 그 나라를 기적적으로 재건하신 이유는 무엇인가? 대체할 수 있다면 다시 태어난 이유는 무엇인가?

하나님의 택한 백성의 부활은 이스라엘이 대체되지 않았다는 살아있는 예언적 증거다. 그들은 단 하루만에 재건되어(사 66 : 8) 메시아께서 도래할 때까지 지속될 나라를 형성했다.

한 국가로서의 이스라엘이 재건되지 않았다면, 유대인들이 그 땅으로 돌아오지 않았다면, 이스라엘의 도시들이 재건되지 않았다면, 유다와 사마리아가 점령되지 않았다면, 터키가 잘라낸 나무들이 다시 심겨지지 않았다면, 이스라엘의 농업이 기적적으로 발전하지 않았다면, 하나님의 말씀이 진실하다는 사실을 의심할만한 확실한 이유가 될 것이다. 그러나 앞에서 언급한 기적들에 비추어 볼 때, 유대인 나라의 재건과 회복에 관한 예언의 정확성을 아무도 의심할 수 없다.

예언자들이 유대인들을 이스라엘에 정착시키려는 하나님의 의도를 선언한 하나님의 말씀을 들어보자. 이사야는 다음과 같이 썼다.

"두려워 말라 내가 너와 함께 하여 네 자손을 동방에서부터 오게 하며 서방에서부터 너를 모을 것이며 내가 북방에게 이르기를 놓으라 남방에게 이르기를 구류하지 말라 내 아들들을 원방에서 이끌며 내 딸들을 땅 끝에서 오게 하라"(사 43 : 5-6).

"여호와의 속량함을 얻은 자들이 돌아오되 노래하며 시온에 이르러 그 머리 위에 영영한 희락을 띠고 기쁨과 즐거움을 얻으리니 슬픔과 탄식이 달아나리로다"(사 35 : 10).

"그들은 오래 황폐하였던 곳을 다시 쌓을 것이며 예로부터 무너진 곳을 다시 일으킬 것이며 황폐한 성읍 곧 대대로 무너져 있던 것들을 중수할 것이며"(사 61 : 4).

"내 종의 말을 응하게 하며 내 사자의 모략을 성취하게 하며 예루살렘에 대하여는 이르기를 거기 사람이 살리라 하며 유다 성읍들에 대하여는 이르기를 중건될 것이라 내가 그 황폐한 곳들을 복구시키리라 하며"(사 44 : 26).

에스겔은 다음과 같이 말하고 있다.

"나 주 여호와가 말하노라 내가 나의 삶을 두고 맹세하노니 내가 능한 손과 편 팔로 분노를 쏟아 너희를 단정코 다스릴지라 능한 손과 편 팔로 분노를 쏟아 너희를 열국 중에서 나오게 하며 너희의 흩어진 열방 중에서 모아 내고… 나 주 여호와가 말하노라 이스라엘 온 족속이 그 땅에 있어서 내 거룩한 산 곧 이스라엘의 높은 산에서 다 나를 섬기리니 거기서 내가 그들을 기쁘게 받을지라 거기서 너희 예물과 너희 천신하는 첫 열매와 너희 모든 성물을 요구하리라 내가 너희를 인도하여 열국 중에서 나오게 하고 너희의 흩어진 열방 중에서 모아낼 때에 내가 너희를 향기로 받고 내가 또 너희로 말미암아 내 거룩함을 열국의 목전에서 나타낼 것이며 내가 너희 열조에게 주기로 맹세한 땅 곧 이스라엘 땅으로 너희를 인도하여 들일 때에 너희가 나를 여호와인줄 알고"(겔 20 : 33-34, 40-42).

"그들이 다시는 이방의 노략거리가 되지 아니하며 땅의 짐
승의 삼킨 바 되지 아니하고 평안히 거하리니 놀랠 사람이 없
으리라 내가 그들을 위하여 유명한 종식할 땅을 일으키리니
그들이 다시는 그 땅에서 기근으로 멸망하지 아니할지며 다
시는 열국의 수치를 받지 아니할지라 그들이 나 여호와 그들
의 하나님이 그들과 함께 있는 줄을 알며 그들 곧 이스라엘
족속이 내 백성인줄 알리라 나 주 여호와의 말이라"(겔 34 :
28-30).

"너는 또 말하기를 주 여호와의 말씀에 내가 너희를 만민
가운데서 모으며 너희를 흩은 열방 가운데서 모아 내고 이스
라엘 땅으로 너희에게 주리라 하셨다 하라 그들이 그리로 가
서 그 가운데 모든 미운 물건과 가증한 것을 제하여 버릴지라
내가 그들에게 일치한 마음을 주고 그 속에 새 신을 주며 그
몸에서 굳은 마음을 제하고 부드러운 마음을 주어서"(겔
11 : 17-19).

예레미야는 다음과 같이 말하고 있다.

"나 여호와가 말하노라 보라 내가 포로된 야곱의 장막들을
돌이키고 그 거하는 곳들을 긍휼히 여길 것이라 그 성읍은 자
기 산에 중건될 것이요 그 궁궐은 본래대로 거하는 곳이 될

것이며"(렘 30 : 18).

"열방이여 너희는 나 여호와의 말을 듣고 먼 섬에 전파하여 이르기를 이스라엘을 흩으신 자가 그를 모으시고 목자가 그 양 무리에게 행함같이 그를 지키시리로다 여호와께서 야곱을 속량하시되 그들보다 강한 자의 손에서 구속하셨으니 그들이 와서 시온의 높은 곳에서 찬송하며 여호와의 은사 곧 곡식과 새 포도주와 기름과 어린양의 떼와 소의 떼에 모일 것이라 그 심령은 물댄 동산 같겠고 다시는 근심이 없으리로다 할지어 다"(렘 31 : 10-12).

"나 여호와가 말하노라 내가 내 백성 이스라엘과 유다의 포로를 돌이킬 때가 이르리니 내가 그들을 그 열조에게 준 땅으로 돌아오게 할 것이라 그들이 그것을 차지하리라 여호와의 말이니라… 그러므로 나 여호와가 말하노라 내 종 야곱아 두려워 말라 이스라엘아 놀라지 말라 내가 너를 원방에서 구원하고 네 자손을 포로된 땅에서 구원하리니 야곱이 돌아와서 태평과 안락을 얻을 것이라 너를 두렵게 할 자 없으리라 나 여호와가 말하노라 내가 너와 함께하여 너를 구원할 것이라 내가 너를 흩었던 그 열방은 진멸한다 할지라도 너는 진멸하지 아니하리라 그러나 내가 공도로 너를 징책할 것이요 결코 무죄한 자로 여기지 아니하리라"(렘 30 : 3, 10-11).

다윗은 다음과 같이 말하고 있다.

"여호와께서 시온의 포로를 돌리실 때에 우리가 꿈꾸는 것 같았도다 그 때에 우리 입에는 웃음이 가득하고 우리 혀에는 찬양이 찼었도다 열방 중에서 말하기를 여호와께서 저희를 위하여 대사를 행하셨다 하였도다"(시 126 : 1-2).

"여호와께 감사하라 그는 선하시며 그 인자하심이 영원함이로다 여호와께 구속함을 받은 자는 이같이 말할지어다 여호와께서 대적의 손에서 저희를 구속하사 동서남북 각 지방에서부터 모으셨도다"(시 107 : 1-3).

스가랴는 다가올 일들에 대해 다음과 같이 증거하고 있다.

"내게 말하는 천사가 내게 이르되 너는 외쳐 이르기를 만군의 여호와의 말씀에 내가 예루살렘을 위하며 시온을 위하여 크게 질투하며 안일한 열국을 심히 진노하나니 나는 조금만 노하였거늘 그들은 힘을 내어 고난을 더하였음이라 그러므로 여호와가 이처럼 말하노라 내가 긍휼히 여기므로 예루살렘에 돌아왔은즉 내 집이 그 가운데 건축되리니 예루살렘 위에 먹줄이 치어지리라 나 만군의 여호와의 말이니라 하셨다 하라 다시 외쳐 이르기를 만군의 여호와의 말씀에 나의 성읍들이

넘치도록 다시 풍부할 것이라 여호와가 다시 시온을 안위하
며 다시 예루살렘을 택하리라 하셨다 하라"(슥 1 : 14-17).

구약의 예언자들은 그들의 견해에 있어서 분명하게 일치하고 있
다. 즉 대체 신학은 완전히 잘못된 것이며, 오도하는 것이고, 속이
는 것이며, 잘못된 생각이고 부정확한 것이라는 점이다. 유대인들은
대체되지 않았다. 그들은 하나님의 도성 예루살렘으로 되돌아올 것
이다. 그리고 아브라함과 이삭과 야곱의 하나님이 그들의 하나님이
될 것이다.

예수님께서도 대체 신학을 지지하지 않으셨다

예수님께서는 모든 시대를 통하여 가장 위대한 교사이시다. 또한
예수님께서는 우리에게 그분의 시대로부터 재림 때까지 있을 미래의
사건들을 연대기적으로 제시한 세 개의 장들을 제공해 주고 있다(마
24장, 막 13장, 눅 21장). 마태복음 24장 3절에서 제자들은 예수님
께 세 가지 질문을 했다.

1. 어느 때에 이런 일이 있겠사옵니까? 이 질문은 성전의 파괴
에 대한 것이다. 예수님께서는 누가복음 21장 20절에서 대답
하셨다. "너희가 예루살렘이 군대들에게 에워싸이는 것을 보
거든 그 멸망이 가까운 줄을 알라" 이 예언은 A.D. 70년에
로마 장군 티투스가 예루살렘을 파괴했을 때 성취되어졌다.

2. 주께서 임하실 때 무슨 징조가 있사오리까?

3. 세상 끝에는 무슨 징조가 있사오리까? 이 땅에서 천국이 이루어진다는 신학(이것을 지지하는 자들은 교회가 승리할 것이며 우리는 천년 왕국을 맞이할 것이라고 믿는다)에도 불구하고, 이 세상은 종말을 맞이하게 될 것이다. 갈라디아서 1장 4절에서 바울은 다음과 같이 썼다. "그리스도께서 하나님 곧 우리 아버지의 뜻을 따라 이 악한 세대에서 우리를 건지시려고 우리 죄를 위하여 자기 몸을 드리셨으니"

이 구절들 중에는 대체 신학을 지지하는 암시가 전혀 없다. 사도 바울은 유대 나라의 소멸에 대해 전혀 언급한 적이 없다. 그것은 예수님께서도 마찬가지다.

마태복음 24장 15-18절을 살펴보자. 예수님께서 이 땅에 임할 대환란의 시기에 대해 묘사하셨다. 이 구절은 이스라엘이 고국 땅에서 예루살렘을 통제하면서 살고 있다는 것을 전제로 하고 있다. 예수님께서는 다음과 같이 말씀하셨다. "그러므로 너희가 선지자 다니엘의 말한 바 멸망의 가증한 것이 거룩한 곳에 선 것을 보거든 (읽는 자는 깨달을진저) 그 때에 유대에 있는 자들은 산으로 도망할지어다 지붕 위에 있는 자는 집안에 있는 물건을 가지러 내려가지 말며 밭에 있는 자는 겉옷을 가지러 뒤로 돌이키지 말지어다"

예수님께서 말씀하신 "거룩한 곳"은 예루살렘 성전이다. 유대인들은 대환란 직전에도 성전을 통제하고 있었다. 그들이 어떻게 예루살렘을 통제하지 않고 성전을 통제할 수 있었겠는가? 만약에 그들이 대체되어졌다면 어떻게 예루살렘을 통제할 수 있었겠는가?

예수님께서는 "유대에 있는 자들은 산으로 도망할지어다" 라고 말씀하셨다. 유대는 현재 매스컴에서 웨스트 뱅크(West Bank)라고 부르는 곳이다. 예수님의 말씀은 말세에 유대인들이 웨스트 뱅크에서 살고 있을 것이라는 뜻이다. 그 다음에 나오는 몇 개의 절들에서 예수님께서는 임박한 군사적 공격 때문에 예루살렘 주민들이 대피하는 것을 묘사하신다.

예수님께서는 이런 군사적인 공격이 임박했을 때, 안전을 위해 예루살렘으로 도망가지 말라고 경고하셨다. 생명을 구하기 위해서는 시간이 없다. 예루살렘 밖에 있는 산으로 도망가라. 예수님께서는 계속해서 다음과 같이 말씀하셨다. "지붕 위에 있는 자는 집안에 있는 물건을 가질러 내려가지 말며 밭에 있는 자는 겉옷을 가질러 뒤로 돌이키지 말지어다"

예루살렘의 지붕들은 현재나 예수님 당시에도 평평하게 생겼다. 사람들은 지붕 위에 물건을 저장해 두기도 하고 때로는 그 곳에서 잠을 자기도 했다. 집 외부에는 지붕에서 땅에 이르는 계단이 있었다. 예수님께서는 공격이 임박했을 때, 살기 위해서는 집 안의 물건을 가져가려고 하지 말고 날려나라고 경고하셨다. 밭에 있던 자들은 옷을 갈아입으려고 집으로 돌아가서는 안 된다.

예수님께서는 계속해서 말씀하셨다. "그 날에는 아이밴 자들과 젖먹이는 자들에게 화가 있으리로다 너희의 도망하는 일이 겨울에나 안식일에 되지 않도록 기도하라 이는 그 때에 큰 환난이 있겠음이라 창세로부터 지금까지 이런 환난이 없었고 후에도 없으리라"(마 24 : 19-21).

아이밴 자들과 젖먹이는 자들에게 화가 있는 이유는 무엇인가? 도 망하는 일이 겨울에나 안식일에 되지 않도록 기도해야 하는 이유는 무엇인가? 그것은 도망가는 일이 매우 어려울 것이기 때문이다. 이 구절은 신앙심이 깊은 유대인들이 이스라엘 정부를 통제하고 있어서 안식일의 율법이 엄격하게 지켜지고 있음을 가리키고 있다.

여러분이 안식일에 이스라엘을 여행할 수 있는 기회를 가진 적이 있는지 알 수 없지만, 이스라엘에서는 안식일에 모든 곳이 문을 닫 는다. 운송 수단도 없다. 호텔이나 고층 아파트에서도 엘리베이터를 운행하지 않는다. 만약에 아랍의 핵 폭탄이나 독가스가 안식일에 이 스라엘을 공격한다면 그 결과는 대량 파괴로 이어질 것이다.

예수님께서는 마태복음 24장 22절에서 유대인들이 이스라엘로 돌 아와 있을 것임을 확인하셨다. "그 날들을 감하지 아니할 것이면 모 든 육체가 구원을 얻지 못할 것이나 그러나 택하신 자들을 위하여 그 날들을 감하시리라"

"택하신 자들"은 유대인들이다. 예수님과 예언자들이 이스라엘이 그 땅으로 되돌아올 것을 확신했다면, 이스라엘이 하나님의 섭리 가 운데서 버림을 받거나 대체되지 않는다는 것을 확신했다면, 어떻게 미국의 대체 신학자들이 다른 생각을 할 수 있겠는가? 그것은 나르 시시즘에서 비롯된 것인가? 반유대주의에서 비롯된 것인가?

대체 신학은 우상 숭배다

대체 신학은 십계명을 어기고 있다. 사무엘상 15장 23절은 다음과 같이 말하고 있다. "거역하는 것은 사술의 죄와 같고 완고한 것은 사신 우상에게 절하는 죄와 같음이라…"

이 구절은 2가지 사실을 말하고 있다. 첫째, 거역하는 것은 사술과 같다. 둘째, 완고한 것은 우상 숭배와 같다. 누가 완고한 사람인가? 하나님의 말씀과 직접적으로 갈등을 일으키면서도 자기들의 생각을 바꾸기를 거부하는 사람들이 가장 나쁜 종류의 완고한 사람들이다. 그런 사람들은 자기들의 견해를 우상화하며, 하나님의 뜻과 말씀에 공개적으로 반역한다.

크리스천들은 그들의 목사가 부처상(像)을 목에 걸고 다니라고 설교하는 것은 꿈에도 생각할 수 없다. 그것은 공개적인 우상 숭배다. 그러나 그들의 목사 - 이스라엘에 대한 그들의 완고한 견해는 하나님의 말씀과 정반대다 - 가 그들을 위험한 생각으로 인도하는 것에 대해서는 아무렇지도 않게 생각한다.

교회가 이스라엘을 대체했는가? 예수님과 이스라엘 선지자들의 견해로는 그렇지 않다. 성경과 현대 역사가 이스라엘이 재건되었으며 영원히 지속될 것이라는 사실을 증거하고 있다.

유대인들이 녹일에서 박해를 받은 어두운 시절부터 전설은 존재하고 있었다. 그 이야기에 따르면, 나치의 명령에 따라 행동하는 카톨릭 신부가 그의 교인들을 쳐다보며 "유대인 아버지들을 둔 자들은 나가라. 그리고 다시는 교회에 오지 말라!"고 말했다.

몇 명의 예배자들이 자리에서 일어나 성당을 빠져 나왔다. 그러자 그 신부는 "유대인 어머니들을 둔 자들도 나가라. 그리고 다시는 교회에 오지 말라!"고 말했다.

그러자 또다시 몇 명의 예배자들이 일어나 그 자리를 떠났다. 그러자 의자에 남아 있던 자들이 갑자기 얼굴이 창백해지고 두려워 떨기 시작했다. 제단 위에 걸려 있던 십자가상이 떨어져 그 교회를 떠났다.

생각해 보라. 만약에 예수 그리스도께서 주일 아침에 당신의 교회에 찾아오신다면 안내자가 그분을 들여보내겠는가? 그분은 작고 가냘프게 보이며, 예리하게 빛나는 짙은 눈과 거무스레한 피부색 등 유대인의 특징들을 가지고 계실 것이다. 그리고 그분의 머리털은 더 부룩하고 긴 턱수염을 가지고 계실 것이며 그분의 어깨에는 기도 숄이 걸쳐 있을 것이다.

만약에 예수님께서 교인들에게 자신이 창녀들의 친구이며, 세리나 에이즈에 걸린 사람들과 사귀는 랍비라고 자신의 정체를 밝힌다면 그분은 환영을 받을 것인가? 만약에 그분이 자신은 정부의 미움을 받고, 또 긴 턱수염과 어깨까지 내려오는 긴 머리털을 가진 12명의 실직자들과 함께 여행했다고 고백한다면 그들이 의자에 그대로 앉아 있겠는가?

만약에 여러분 교회의 집사가 그분에게 교리적 입장을 물었을 때, "나는 침례와 귀신을 쫓아내는 것과 병든 자를 치유하는 것을 믿는다." 라고 대답한다면 그들이 그분을 강단에 세울 것인가?

만약에 그분이 가장 부유한 교인에게 모든 재산을 팔아 가난한 자들에게 나누어 주라고 한다면, 만약에 그분이 아름다운 교회 체육관에 들어가 빙고 테이블을 뒤엎으시며 "내 집은 기도하는 집이다!"라고 소리친다면, 여러분은 경찰을 부르지 않겠는가?

그 진리는 단순하다. 2,000년 동안 반유대적 교육을 받고 설교를 들은 후에 우리는 구세주께서 유대인임을 망각하게 되었다. 그러나 그분은 유대인 부모에게서 태어났고, 그분의 조상들은 유대인이었으며, 유대 전통 가운데서 성장했고, 유대인으로서 살고 예배를 드렸으며, 유대인으로 죽었고, 유대인으로 재림하실 것이다. 여러분이 오늘밤에 무릎을 꿇고 기도할 때, 여러분의 기도를 들어주시는 분은 나사렛 예수라고 불려지는 랍비시다.

주(註)

1. Walter C. Kaiser Jr., Peter H. Davids, F. F. Bruce, and Manfred T. Brauch, Hard Sayings of the Bible (Downers Grove, IL: Inter Varsity Press, 1996), pp. 569-70.
2. Kaiser, Davids, Bruce, and Brauch, op. cit., p. 570.

Final Dawn Over Jerusalem

2부 : 예루살렘에 대한 예언들

2

예루살렘 최후의 새벽

2부 : 예루살렘에 대한 예언들

07

예루살렘의 황금기

"우리에게는 적어도 이스라엘이 있다. 다른 세대들이 갖지
못한 것을 우리는 가지고 있다. 모든 위험과 위협과 전쟁에도
불구하고 우리에게는 이스라엘이 있다. 우리는 예루살렘으로
갈 수 있다. 수많은 세대들이 갈 수 없었을지라도 우리는 갈
수 있다."

– 엘리 비젤, 루마니아 태생의 미국인 작가[1]

우리는 지금까지 이스라엘 백성, 즉 2,000년 동안 집도 없이 방
황한 나라, 특별한 이유도 없이 예수 그리스도의 이름으로 박해를
받은 나라에 대해 살펴보았다. 우리는 개인의 삶과 정치 권력 가운
데서 생생하게 증명된 하나님의 원리, 즉 이스라엘을 축복하고 저주

하는 것에 대한 원리도 살펴보았다. 우리는 이스라엘이 대체되지도 않았을 뿐만 아니라 하나님의 언약과 계획에서 제거되지도 않았다는 사실을 또한 배웠다. 이제 우리는 아브라함의 씨에 대한 예언들이 온 인류와 땅 위의 모든 나라에게 어떤 영향을 미칠 것인지에 대해 살펴볼 것이다.

과거와 미래의 초점 : 예루살렘

중세의 지도 제작자들은 아름다운 예루살렘을 세계의 중심지에 갖다 놓았다(나의 견해로는 그것이 옳다고 생각한다). 그들은 성경 학자들이 수년 동안 알고 있던 것을 이해하고 있었다. 즉 예루살렘은 온 우주의 중심이며, 미래와 과거의 초점이라는 사실이다.

고대 도시 예루살렘은 이스라엘의 심장이요, 혼이다. 세계의 다른 도시들은 상업, 규모, 부, 건축 등으로 잘 알려져 있지만, 예루살렘은 세계에서 가장 뛰어난 도시며, 다른 어떤 도시도 받을 수 없는 찬양을 받고 있다. 예루살렘은 하나님께서 택하신 도시다.

> "예루살렘을 택하여 내(하나님) 이름을 거기 두고 또… 이는 내가 이미 이 전을 택하고 거룩하게 하여 내 이름으로 여기 영영히 있게 하였음이라 내 눈과 내 마음이 항상 여기 있으리라… 내가 이스라엘 모든 지파 중에서 택한 이 전과 예루살렘에 내 이름을 영원히 둘지라"(대하 6:6, 7:16, 33:7)

예루살렘은 여러 가지 기준으로 미루어 볼 때, 인구도 50만 명 정도밖에 되지 않는 작은 도시지만 그러나 예루살렘은 신문들의 헤드라인을 장식하고, 무슬림들과 크리스천들과 유대인들에게 있어서 거룩한 도성으로 알려져 있다.

거룩한 도성의 역사

성경에서 그 면지도 찬양을 받는 예루살렘은 B.C. 20세기에 가나안 사람들이 맨 먼저 정착했다. 비록 그 규모가 $48,560m^2$ 정도 밖에 되지 않았을지라도 그 도시는 자연적으로 방어가 잘 되고 풍부한 샘들이 있었다. 약 B.C. 1,000년까지는 구약의 히위 족속과 관련이 있는 여부스 족속이 예루살렘에 거주하고 있었다.

B.C. 11세기말에 다윗이 이스라엘의 왕으로 기름 부음을 받았을 때, 이스라엘은 강력한 수도를 필요로 했다. 다윗은 여러 지파들 중에서 수도가 될만한 곳을 찾았고, 그러다가 B.C. 1004년에 여부스의 도시를 정복하여 수도로 삼았다.

거룩한 도성에 대한 다윗의 열정은 대단했다. 이스라엘의 시인이요, 전사였던 그는 다음과 같이 썼다.

"예루살렘아 내가 니를 잊을진대
내 오른손이 그 재주를 잊을지로다
내가 예루살렘을 기억치 아니하거나
내가 너를 나의 제일 즐거워하는 것보다

지나치게 아니할진대

내 혀가 내 입천장에 붙을지로다"(시 137 : 5-6)

여러분도 기억하다시피 다윗은 음악가다. 그는 오른손으로 하프를 치며 사울 왕의 귀신들도 침묵을 시킬 만큼 강력한 힘으로 이스라엘의 노래를 불렀다.

다윗의 메시지는 간단했다. 만약에 그가 예루살렘을 잊어버린다면 그의 인생은 아무런 의미가 없다는 것이다. 만약에 예루살렘이 그의 기쁨의 원천이 되지 못한다면 존재할 필요가 없다는 것이다. 그는 예루살렘을 거룩한 도성, 하나님과 하나님 백성들의 집이라고 부르는 곳으로 보았다.

예루살렘에서 다윗의 아들 솔로몬은 화려하고도 장엄한 성전을 세웠다.

예루살렘에서 예레미야와 이사야는 인류의 영적인 기초가 되는 사상들을 전파했다.

예루살렘에서 나사렛 예수 그리스도는 십자가에 못박히시기 몇 시간 전에 감람산 위에서 우셨다. "예루살렘아 예루살렘아 선지자들을 죽이고 네게 파송된 자들을 돌로 치는 자여 암탉이 그 새끼를 날개 아래 모음같이 내가 네 자녀를 모으려 한 일이 몇 번이냐 그러나 너희가 원치 아니하였도다"(마 23 : 37).

A.D. 70년에 티투스는 예루살렘에 군대를 파견해서 거리를 피바다로 만들 때까지 유대인들을 학살했다. 로마인들은 그 도시를 완전

히 정복하고, 6년 전에 완공된 제2성전을 파괴했다. 로마인들은 계속해서 예루살렘의 유대인들을 살육했다. A.D. 135년에 2세기 로마 황제인 하드리안이 유대인들을 예루살렘에서 쫓아내고 대량 학살에서 살아 남은 자들을 로마 제국 전역으로 흩어 버렸을 때, 디아스포라 유대인들이 생기기 시작했다. 많은 유대인들이 지중해의 항구들로 도피하여 노예로 팔려갔다.

1099년에 십자가를 앞세운 십자군들이 예루살렘으로 몰려왔다. 십자군들이 40,000명 이상의 사람들을 살육하고 이슬람 사원들과 유대교 회당들을 불질렀을 때, 또다시 예루살렘 거리는 피바다가 되었다. 유대인들이 그들의 회당 안에서 살려 달라고 부르짖었을 때, 십자군들은 하나님을 찬양하는 노래를 불렀다.

예루살렘은 "평화의 성" 이라는 뜻이다. 그러나 지구상의 그 어떤 도시보다 더욱 전쟁과 피 흘림과 눈물과 공포로 얼룩졌다. 그 곳은 바벨론, 그리스, 로마, 십자군, 오스만 제국 등에 의해서 38번이나 정복되어졌다. 그러나 그 곳은 여전히 분리되지 않고 통합되어져 있다.

오직 하나님 능력의 손길만이 다윗 왕에 의한 탄생 때부터 1967년 6일 전쟁(Six-Day War) 때까지 예루살렘을 지켜 주실 수 있었다. 거의 2,000년이 지난 후에 고대 도시 에루살렘은 다시 한번 이스라엘 군의 초자연적인 승리를 통해 유대인들의 손으로 넘어갔다.

예루살렘은 그의 백성들을 보호해 주시는 하나님의 능력을 상징하는 도성이다.

"여호와를 의뢰하는 자는
시온산이 요동치 아니하고 영원히 있음 같도다
산들이 예루살렘을 두름과 같이
여호와께서 그 백성을
지금부터 영원까지 두르시리로다"(시 125 : 1-2)

하나님께서 예루살렘을 지켜 주실 것이다. 그것은 그분의 거룩한
도성이다.

오늘날의 예루살렘

오늘날 예루살렘에서는 무슨 일이 일어나고 있는가? 황금의 도시
예루살렘은 초자연적인 집중 포화를 받고 있다. 평화를 위해 땅을
교환해도 평화를 가져다주지 못할 것이다. 예루살렘을 교황의 지배
하에 국제적인 도시로 만들어도 평화를 가져다주지 못할 것이다. 야
세르 아라파트와 PLO에게 예루살렘의 일부를 주어 팔레스타인 도
시를 건설하게 해도 평화를 가져다주지 못할 것이다.

이스라엘과 유대인들의 적은 그들이 예루살렘을 통제하기 전에는
결코 만족하지 못할 것이다. 크리스천과 유대인들이여, 이 문제에
대해 일치 단결하자. 예루살렘에 대해서는 타협의 여지가 있을 수
없다. 우리는 지금 말세를 향해 달려가고 있다. 그리고 이스라엘은
태풍의 눈 속에 들어가 있다.

최근의 조간 신문에 **"31명의 팔레스타인 사람들이 헤브론 폭동을**

일으킨 죄로 처형당하다' 라는 기사가 헤드라인을 장식했다. 예루살렘 라디오 뉴스 프로그램은 자주 테러가 발생할 것이라고 경고한다. 예루살렘 포스트지의 국제판 일면에는 **'이스라엘 수상이 거짓 평화를 거부하다'** 라는 기사가 실려 있다. 내가 이 글을 쓰는 동안에도 이슬람 자살 특공대가 마하네 예후다 슈퍼마켓을 공격하여 16명이 죽고 176명의 무고한 사람들이 부상을 당했다.

최근에 텔아비브 거리에서 **하마스** 자살 특공대가 22명을 죽이고 거의 50명에게 부상을 입혔다. 그 폭탄이 너무나도 강력했기 때문에 버스가 갈기갈기 찢어졌고, 사람의 머리카락과 살점이 근처에 있던 벽에 흩어졌다.

매주 웨스트 뱅크 도시들에서 유혈 충돌이 일어난다. 애도하는 자들이 장례식을 치른 후에 돌을 집어 들고 이스라엘 병사들을 비난하는 적나라한 모습이 **타임지**와 **뉴스위크지**를 장식한다. 라말라시의 고무탄과 날아다니는 돌들이 평화를 부르짖어도 평화가 없음을 증명해 준다. 예루살렘에 평화가 찾아올 것이라고 생각하는 사람은 착각의 세계에 살고 있다.

이러한 때의 징조 뒤에는 무슨 의미가 있는가? 우리가 알다시피 세상의 종말이 가까워 오고 있다. 지구의 미래와 운명이 백척간두에 달려있다.

하나님께서는 성경의 예언을 통해서 미래를 알게 하신다. 내가 수년 동안 성경의 고대 예언자들의 저술을 연구한 결과, 미래의 일들뿐만 아니라 그 모든 것이 어떻게 전개될 것인지에 대해 개관적인 시각을 얻게 되었다. 우리는 오늘날에도 이러한 미래에 대한 지침을 얻을 수 있다.

하나님께서 기억하신다

하나님의 메가폰이 인간의 형태로 나타났다. 하나님께서는 의인들을 택하셔서 그분의 메시지를 전하고 예언을 선포하게 하셨다. 스가랴도 바로 그런 사람이었다. 스가랴는 제사장의 혈통을 갖고 태어나 이스라엘 역사상 가장 중요한 격변기 중의 세대를 살았다. 바벨론에서 돌아온 추방자들은 폐허가 된 예루살렘과 성전을 재건했다. 스가랴는 하나님께서 위대한 일을 행하실 준비를 하고 계셨음을 알았다. 그는 지친 노동자들을 격려하기 위해 글을 쓰는 가운데서 우리에게 하나님의 영원한 계획을 이해할 수 있는 단서도 제공해 주었다.

스가랴 선지자의 히브리어 이름은 "하나님께서 기억하신다" 라는 뜻이다. 사실상 스가랴의 주제는 하나님께서 족장들과 맺으신 언약을 기억하시기 때문에 이스라엘은 복을 받을 것이라는 사실이다. 전능하신 하나님의 신실하신 기억을 상징하는 이름을 가진 이 선지자보다 더 하나님의 마음을 잘 아는 사람은 없을 것이다.

스가랴는 미래에 대한 메시지를 받았을 때 놀라지 않았다. 다른 선지자가 이미 이스라엘의 미래를 묘사해 놓았다. 이사야는 바벨론에 의해 히브리 사람들이 멸망하고 정복당할 것을 미리 알았다. 이사야는 스가랴에게 예루살렘과 유대인들을 기다리고 있는 놀라운 일에 대해 암시해 주었다.

하나님께서는 이사야를 통해 예루살렘을 완전히 회복시킬 것을 약속하셨다. "예루살렘이여 내가 너의 성벽 위에 파수꾼을 세우고 그들로 종일종야에 잠잠치 않게 하였느니라 너희 여호와로 기억하시게 하는 자들아 너희는 쉬지 말며 또 여호와께서 예루살렘을 세워 세상에서 찬송을 받게 하시기까지 그로 쉬지 못하시게 하라"(사 62 : 6-7).

거룩한 도성의 미래는 역사에 대한 하나님의 청사진의 중심부다. 하나님께서는 예루살렘이 세상 모든 도시의 면류관이 될 때까지 재정리하시고, 복구하시며, 배가하시고, 재분배하시며, 개선시키시고, 제거하시며, 쇄신하시고, 재생하시며, 재위탁하시고, 구속하실 것이다.

예언을 연구해야 할 이유

당신이 신문을 들고 이스라엘에 대한 기사를 읽을 때, 진실과 거짓을 어떻게 구별할 수 있는가? 당신은 하나님께서 이미 예루살렘과 이스라엘의 미래에 대해 말씀하신 것에 관해 주목해야만 한다. 예언은 우리에게 미리 경고해 주는 하나님의 안전 시스템이다. 나는 당신에게 하나님께서 수세기 전에 그분의 예언자들을 통해서 말씀하신 것을 연구해야 할 4가지 이유들을 제시하겠다.

1. 예언은 하나님의 목적을 계시해 준다. 하나님께서는 세상이 미래의 일에 대해 알기를 원하시며 자신과 뜻에 대해 계시해

주시기를 바라신다. 하나님의 길은 하나님의 말씀을 통해 찾아온다. 그리고 성경이 커뮤니케이션의 수단이다. 소돔과 고모라의 악행이 극에 달했을 때, 하나님께서는 먼저 아브라함에게 나타나셔서 소돔과 고모라를 멸망시키겠다고 말씀하셨다(창 18장). 이것이 바로 예언을 통해 하나님의 목적을 계시한 것이다.

우리는 창세기 18장 17-18절에서 다음과 같은 말씀을 읽을 수 있다. "여호와께서 가라사대 나의 하려는 것을 아브라함에게 숨기겠느냐 아브라함은 강대한 나라가 되고 천하 만민은 그를 인하여 복을 받게 될 것이 아니냐" 하나님께서 아브라함에게 미래를 누설해 주셨다. 그렇지 않았더라면 아브라함은 "왜 하나님께서 그런 일을 하실까? 하나님께서 그 두 도성의 모든 사람을 멸망시키신 것에는 무슨 목적이 있었을까?"라고 생각했을 것이다.

하나님께서 그분의 목적을 아브라함에게 계시해 주셨기 때문에 소돔과 고모라가 파멸되었을 때, 하나님께서는 거룩하신 분이시며 그 두 도성의 죄악을 참을 수 없었다는 사실을 이해할 수 있었다.

우리가 예언을 연구할 때에 유럽에서 일어나는 모든 경제적, 정치적 사건을 이해할 수 있다. 또 우리는 러시아가 이스라엘을 정복함으로써 다시 한번 더 군사 대국이 되기를 원한다는 사실을 이해할 수 있다. 우리는 세계 단일 화폐, 단일 종교, 단일 정부를 향해 나아가는 전세계적 경향을 이해할 수 있다. 예언은 하나님의 목적을 계시해 준다. 그리고 하나님께서 처음과 끝을 알고 계시며, 자신의 목적을 성취하시기 위해 지구상의 모든 사건을 지휘하신다는 사실을 증명해 준다.

2. 예언은 미래를 아는 하나님의 능력을 증명해 준다. 강력한 장군들과 현명한 정치가들은 자기들이 권력을 휘두르고 제국을 건설할 힘과 능력을 가지고 있다고 생각한다. 그러나 하나님께서는 자신이 선택하는 자를 세우시고 넘어뜨리는 분이시다. 세상의 모든 대관식이 이루어지기 전에 전능하신 하나님께서는 누구를 보좌에 앉힐 것인지 선택하신다.

다니엘 2장은 하나님께서 인간에게 주신 가장 주목할 만한 환상들 중의 하나를 제공해 주셨다. 바벨론 제국의 느부갓네살 왕은 자기가 세상의 절대적인 황제라고 생각했다. 그러나 하나님께서는 그에게 특별히 걱정스러운 꿈을 주셨다. 느부갓네살은 금, 은, 놋쇠, 철, 그리고 진흙으로 만들어진 거대한 동상의 꿈을 꾸었다. 그의 꿈 가운데서 갑자기 큰 돌이 그 거대한 동상에 충돌하여 그것을 쓰레기 더미로 만들었는데 온 세상을 가득 채웠다.

느부갓네살은 몹시 근심했다. 그는 마음 속으로 자기보다 훨씬 더 큰 어떤 힘이 진정한 힘이라는 사실을 알았다. 또한 자기가 꾼 무서운 꿈의 의미를 알고 싶었다. 그러나 그가 잠에서 깨어났을 때, 단지 근심스러운 느낌만 남아 있을 뿐 상세한 내용은 완전히 잊어버렸다.

그 바벨론의 왕을 섬기고 있던 다니엘은 오직 하나님만이 미래를 알고 계시기 때문에 오직 하나님만이 그와 같은 신비를 계시해 주실 수 있다고 말했다. 다니엘은 하나님의 영감을 받아 그 꿈을 해석했으며, 그 모든 요소에 대해 완벽하게 설명해 주었다.

그 동상의 황금 머리는 바벨론 제국의 느부갓네살을 상징했다. 그리고 다른 요소들은 그의 뒤를 따르는 다른 왕들을 상징했다. 또한 동상의 은으로 된 가슴판에 상징된 메데와 바사(페르시아)는 날개를 달고 기다리고 있었다. 그들의 왕국은 그 동상의 놋으로 된 허리로 상징된 그리스 제국의 알렉산더에 의해 대체되어졌다. 알렉산더 왕국은 강력한 로마 제국에 의해 멸망당했으나, 로마 제국도 결국 동로마 제국과 서로마 제국으로 분열되어졌다.

다니엘이 그 동상의 아래쪽을 내려다보았을 때, 재료가 더욱 약해졌다. 그 동상의 발은 철과 진흙으로 구성되어졌는데, 그 2가지 재료들은 서로 섞이지 않는다. "일부분은 강력하나 다른 부분은 부서지기 쉬운" 로마 제국은 세월이 흐름에 따라 쇠퇴해졌으며, 결국 열 개의 발가락, 즉 열 개의 왕국으로 나누어졌다.

열 개의 발가락, 열 개의 왕국들은 말세에 유럽 연합으로 나타날 것이다. 이 열 개의 연합에서 "평화의 사람"이 세계 무대에 등장할 것이다. 그는 능수 능란한 연설자가 될 것이다. 그리고 그는 그의 천재성으로 세계를 피상적이고 일시적인 번영으로 인도할 것이다.

그는 적그리스도다. 그는 히틀러를 성가대의 소년 독창자처럼 만들 것이며, 이스라엘과 7년 간의 평화 조약을 맺을 것이다. 그러나 3년 반 후에 그것을 파기할 것이다. 그때 그는 예루살렘에서 경배를 받으려 할 것이며, 그는 예루살렘을 자기의 거룩한 성으로 삼기를 원하고, 이스라엘에서 모든 유대인을 멸절시키려 할 것이다.

그러나 느부갓네살의 꿈은 열 개의 발가락으로 끝나지 않았다. 그 바벨론의 왕은 "사람의 손으로 하지 아니하고 뜨인 돌"이 거대한 동상을 파괴하는 것을 보았다. 그 돌은 바로 예수 그리스도시다. 세상의 메시아께서 재림하실 때, 그의 대적들을 부수시고, 그리스도께서 1,000년 동안 다스리시는 천년 왕국을 세우실 것이다.

다니엘은 그 왕에게 꿈에 대해 설명해 주고, 숨겨진 미스터리를 밝혀 주었다. 그 왕은 놀라 부르짖었다. '너희 하나님은 참으로 모든 신의 신이시요 모든 왕의 주재시로다 네가 능히 이 은밀한 것을 나타내었으니 네 하나님은 또 은밀한 것을 나타내시는 자시로다"(단 2 : 47). 느부갓네살은 성경의 예언을 믿게 되었다. 그 왕은 하나님께서 모든 것을 알고 계신다는 사실을 이해하게 되었다.

3. 예언은 절대적으로 정확하다. 사도 베드로는 스가랴, 이사야, 다니엘, 그리고 다른 예언자들의 글을 읽었다. 그는 그리스도의 도래 가운데서 그것들이 성취되어진 것을 직접 목격했다. 그는 예언의 놀라운 정확성을 보고 다음과 같이 말했다.

"또 우리에게 더 확실한 예언이 있어 어두운데 비취는 등불과 같으니 날이 새어 샛별이 너희 마음에 떠오르기까지 너희가 이것을 주의하는 것이 가하니라 먼저 알 것은 경의 모든 예언은 사사로이 풀 것이 아니니 예언은 언제든지 사람의 뜻으로 낸 것이 아니요 오직 성령의 감동하심을 입은 사람들이 하나님께 받아 말한 것임이니라"(벧후 1 : 19-21)

베드로는 모든 크리스천이 여호와께서는 말씀만 하실 뿐만 아니라 그분의 말씀은 정확무오하시다는 사실을 알기를 원했다. 베드로가 예수님의 사역과 부활을 직접 목격했을지라도 예언은 눈으로 보는 것보다 더 정확하다는 사실을 알았다. 인간의 눈과 귀는 완전히 믿을 수 없다. 왜냐하면 편견이 개입되기 때문이다. 그러나 하나님께서 말씀하실 때, 그것은 완벽하다. 성경의 예언의 정확성은 영원히 신뢰할 만하다.

4. 예언은 하나님의 말씀의 권위를 확인해 준다. 이단들은 이상하고도 난해한 말을 하기를 좋아한다. 비록 그들이 망상적

인 생각으로 사람들의 귀를 속이기 좋아할지라도, 그러나 그
들은 이상하게도 미래에 대하여 침묵을 지킨다. 그러나 성경
은 내일에 대한 설명으로 가득 차 있다.

그리스도의 생애에 관한 예언의 정확성에 대해 생각해 보자.

· 예수님의 탄생 시기는 다니엘 9장에 묘사되어져 있다.
· 예수님의 동정녀 탄생은 이사야 7장 14절에 설명되어져 있다.
· 예수님의 탄생 장소는 미가 5장 2절에 예언되어져 있다.
· 예수님의 죽음은 시편 22편과 이사야 53장에 묘사되어져 있다.
· 예수님의 부활은 시편 16편 10절에 예언되어져 있다.

이것은 일부분에 지나지 않는다. 나는 예수 그리스도 안에서 성취
된 메시아에 대한 예언들을 72가지 이상 열거할 수 있다. 사실상 그
예언들이 예수님이 아닌 다른 사람을 가리킬 확률은 경이적이다.

어떤 수학자가 그 문제에 대해 펜을 들고 비범한 결론을 이끌어
냈다. 그 모든 성경의 예언들이 한 사람 – 예수 – 의 생애 가운데서
실현되어질 확률은 87에 0을 93개 붙인 숫자분의 일이다.

수(註)

1. Elie Wiesel quoted in Writers at Work, 8th ser., ed. George
Plimp-ton, 1988.

08
예루살렘 전쟁의 폭풍

1993년 9월 13일로 되돌아가서 생각해 보자. 이스라엘 수상인 이즈하크 라빈은 야세르 아라파트와 함께 백악관 로즈 가든에 서 있었다. 빌 클린턴 대통령은 그 두 사람 사이에 서서 라빈과 아라파트가 12일에 웨스트 뱅크 협약에 서명했다고 발표했다. 그 협약에 서명할 때, 라빈은 젖과 꿀이 흐르는 땅을 피와 땀이 흐르는 땅으로 만들어서는 안 된다고 말했다. 라빈은 며칠 전에 행한 연설에서 다음과 같이 말했다. "병사들은 피로 얼룩진 채 전쟁터에서 돌아왔습니다. 우리는 친척들과 친구들이 눈앞에서 죽는 것을 보았습니다. 그리고 장례식에 참석했으나 눈으로 부모들을 볼 수 없었습니다. 우리는 부모들이 자녀들을 매장한 땅에서 왔습니다. 우리는 팔레스타인 사람들과 싸웠습니다. 오늘 우리는 크고 분명한 목소리로 여러분께 말합니다. 피와 땀은 그것으로 충분합니다."

그것은 전사의 영혼에서 우러나오는 간절하고도 진지한 부르짖음이었다. 그러나 2년 후, 예루살렘에서 라빈은 암살되었다. 또다시 피와 눈물이 흘러나왔다. 세계의 지도자들이 그의 무덤 옆에 서서 자기 나라에 평화를 가져오려고 노력했으나 실패한 그 사람을 위하여 애통했다.

그 땅에 평화가 없는 이유는 무엇인가? 고대로부터 라이벌 관계가 존재했기 때문이다. 그것은 아브라함에게로 거슬러 올라간다.

아브라함의 믿음과 순종을 칭찬하기 위해 하나님께서는 천사를 보내 그가 큰 나라의 아버지가 될 것이라고 말씀해 주셨다. "여호와의 말씀이 그에게 임하여 가라사대 그 사람은 너의 후사가 아니라 네 몸에서 날 자가 네 후사가 되리라 하시고 그를 이끌고 밖으로 나가 가라사대 하늘을 우러러 뭇 별을 셀 수 있나 보라 또 그에게 이르시되 네 자손이 이와 같으리라"(창 15 : 4-5)

아브라함은 이 계시를 받고 매우 놀랐다. 왜냐하면 그의 아내는 이미 폐경기에 접어들었고 결코 아이를 낳은 적이 없기 때문이었다. 아브라함의 아내 사라는 아브라함에게 애굽 시녀인 하갈의 장막에 들어가 아들을 얻으라고 요청했다. 그 당시에는 그런 관습을 흔히 볼 수 있었다. 아브라함은 "사라, 그것이 하나님의 뜻인 것 같소!"라고 말했다.

아브라함은 하갈과 동침했고 이스마엘이 탄생했다. 그러나 나중에 하나님께서 예언하셨듯이 사라가 임신을 하여 기적의 아기, 웃음의 아들, 이삭을 낳았다. 이스라엘 사람들, 즉 유대인들은 이삭의 후손 이며, 아랍인들은 이스마엘의 후손이다.

하나님께서는 이스마엘을 존귀케 하셨다. 또한 이스마엘이 12 통 치자들의 아비가 되고 큰 나라를 이룰 것이라고 약속해 주셨다. 그 러나 하나님께서는 자신의 주권 가운데서 약속의 아들 이삭과 언약 을 세우셨고 약속의 땅의 권리는 아브라함으로부터 이삭에게로, 그 리고 또 야곱에게로 넘어갔다.

아브라함의 가족 내에 상당한 경쟁 관계가 존재해 있었음을 알 수 있을 것이다. 그러한 경쟁 관계는 오늘날에 훨씬 큰 규모로 존재하 고 있다. 아랍인들과 유대인들 사이에 존재하는 갈등은 팔레스타인 땅에 대한 논쟁보다도 훨씬 더 깊다. 그것은 신학적인 것이다. 그것 은 유대교와 이슬람교간의 대결이다. 이슬람의 신학은 다른 모든 것 에 대한 승리를 주장한다. 아랍의 도시들을 방문해 보면 이슬람교의 기도탑이 그 도시에서 가장 높은 이유도 바로 그것이다.

무슬림은 예수, 모세, 다윗, 그리고 다른 몇몇 히브리인들도 선지 자들이지만, 모하메드가 가장 위대한 선지자라고 믿는다. 비록 무슬 림이 율법, 시편, 그리고 복음서들을 포함한 성경을 존중할지라도, 그들은 코란이 천사 가브리엘을 통해 모하메드에게 계시된 하나님의 절대적인 말씀이라고 주장한다. 무슬림은 알라가 하나님이며, 그는 아버지도 아니고 어머니도 아니며, 따라서 자식도 없다고 믿는다.

이것을 이해하라. 아랍인들이 아무리 평화에 대해 말할지라도 그 들의 종교는 유대인들을 쳐부술 것을 요구한다. 이슬람은 승리의 신학을 선포한다. 간단하게 말해서 무슬림은 이슬람이 세계를 지배하는 것이 하나님의 뜻이라고 믿는다.

이슬람의 율법은 모하메드의 과업을 성취하기 위해서는 모든 "이교도의 영토"를 전쟁 지역으로 간주할 것을 규정하고 있다. 「말세(The Last of Days)」의 저자인 모리스 파리에 따르면, 무슬림은 유대인이나 크리스천이나 다른 비이슬람 사람들과의 평화란 있을 수 없으며, 비록 평화를 유지해야 하는 경우에도 단지 휴전만이 허용되어진다고 믿는다. 그것도 "우리의 칼을 갈고 우리의 피를 자극하고 우리의 의지를 강화시키기 위한 수단으로 최대 10년 간만 허용되어질 뿐이다." 모하메드는 육체적 폭력을 믿음의 비가시적이지만 필수불가결한 부분으로 본다.

요점은 이것이다. 근본주의적 무슬림은 유대인을 파괴하고 이스라엘을 지배해야만 한다. 그렇지 않으면 모하메드는 거짓 선지자요, 코란은 진실이 아니다. 그와 같은 생각은 상상도 할 수 없다. 바로 그런 이유로 인해서 근본주의적 무슬림은 그들의 선지자에게 충성을 다하기 위해 이스라엘과 유대인들을 공격한다. 이슬람 지하드의 전략은 사탄의 전략만큼 단순하다. "될 수 있는 대로 많은 유대인들을 죽여 그들이 결국에는 팔레스타인을 포기하게 하라!"는 것이다.[1]

이미 고인이 된 종교 지도자며, 이슬람 저항 운동 단체인 **하마스**를 이끌던 하산 알 바나는 그들의 철학을 잘 요약하고 있다. 그의 말은 그들의 언약에 포함되어져 있다. "이스라엘은 이슬람이 그 전에 다른 민족들을 말살한 것 같이 그들을 말살시킬 때까지만 존재할 것이다."[2]

갈등의 역사

현대 이스라엘과 아랍 사이의 갈등의 역사를 간략하게 살펴보자. 1948년 5월 14일 유엔은 이스라엘을 국가로 인정했다. 2,000년이 지난 후, 전세계의 유대인들은 조국을 가지게 되었다. 하지만 바로 그 다음날 아랍 5개국(이집트, 요르단, 시리아, 레바논, 이라크) 군대가 이스라엘을 공격했다. 그들은 이스라엘을 탄생시부터 없애 버리기 위해 있는 힘을 다해 공격했다. 그러나 졸지도 않으시고 주무시지도 않은 채, 이스라엘을 지키시는 전능하신 하나님께서 이스라엘을 친히 방어해 주셨다. 그들이 살아 남은 것은 하나님의 놀라운 은혜였다.

1948년의 전쟁으로부터 "팔레스타인 난민 문제"가 생기게 되었다. 매스컴은 지난 50년 동안 서방 세계를 세뇌하기 위해 그것을 이용했고, 아랍의 지도자들은 자국민들에게 유대인들을 냉혹한 자들로 묘사하기 위해 난민 문제를 창조하고 고무하며 조작했다. 그리고 그것은 효과적인 것으로 입증되어졌다.

역사가 조안 피터스는 그녀의 책 「아득한 옛날부터(From Time Immemorial)」에서 1948년의 전쟁이 시작되기 전에 아랍 지도자들이 팔레스타인 사람들에게 그들의 고향을 떠나라고 말했다는 사실을 반박할 수 없는 자료를 가지고 상세하게 제시하고 있다. 그들은 "우리가 유대인들을 바다에 몰아넣자마자 여러분을 되돌아올 수 있게 해 줄 것이다." 라고 약속했다.

그러나 충격적이며 놀랍게도 그들은 그 전쟁에서 졌다. 그러자 약 60만 명의 팔레스타인 난민들이 요르단, 이란, 이라크, 시리아 등으로 이민을 갔다.

아랍 국가들은 비록 많은 땅과 돈을 가지고 있었을지라도 그들을 받아들이지 않았다. 그들은 팔레스타인 난민들과 같은 언어, 같은 종교, 같은 문화를 가지고 있었을지라도 이민을 허락하지 않았다. 그 이유는 무엇인가? 세계의 언론들이 이스라엘을 공격하기 위해 난민들을 피뢰침으로 사용했기 때문이다. 신문들과 기자들은 애통했다. "유대인들이 얼마나 냉혹한지를 보라. 이스라엘이 얼마나 비이성적인지를 보라. 집도 없이 떠도는 불쌍한 아랍 사람들을 보라!"

이스라엘 정부가 유엔과 함께 그들의 집으로 돌아오기를 원하는 아랍인들을 재정착시키기 위해 1억 5,000만 달러의 기금을 조성했다는 사실을 아는 사람들은 거의 없다. 되돌아온 사람들은 PLO의 총에 맞았다. "PLO는 협박과 살인을 통해 평화적인 협상으로 갈등의 문제를 해결하려는 온건한 아랍인들의 입을 막았다." 또한 PLO는 야세르 아라파트가 이끄는 단체였는데, 그는 라빈과 악수를 나누고 이스라엘에 평화를 가져다주기로 약속한 바로 그 사람이다.

1948년 이후로 5번의 전쟁이 터졌다. 유대와 사마리아(웨스트 뱅크), 골란고원, 그리고 거룩한 도성 예루살렘에 피의 강이 흘렀다.

1993년에 체결된 평화 협정은 시리아가 골란고원을 통제하는 동안에만 유효했다. 그 곳은 군대가 예루살렘을 공격하기 위해 웨스트 뱅크에 쉽사리 침투할 수 있었다. 1993년 로즈 가든에서 일어난 일은 제3차 세계 대전의 첫 번째 진통이었다. 평화의 과정은 이스라엘을 재앙으로 몰아넣었다.

예루살렘에 임박한 어두움의 시절에 일어날 일련의 사건들은 다음과 같다. 1993년 평화 협정을 맺기 전에는 아랍이 이스라엘을 공격할 만큼 강력한 군사력을 가지리라고는 생각도 하지 못했다. 평화 협정이 그들에게 그런 기회를 만들어 준 것이다.

사담 후세인이 이라크에서 발사하던 스커드미사일을 골란고원에서 발사할 수 있게 되었고 부유한 아랍 국가들에게 판매한 러시아 잠수함으로부터 발사하는 미사일을 통해 지중해에서도 공격을 가할 수 있게 되었다. 어떤 미국 국회의원이 나의 사무실에서 다음과 같이 말했다. "해기 목사님, 소련이 붕괴했을 때, 그들의 핵무기 중 일부가 사라졌습니다. 그것들이 어디로 갔는지 아무도 모릅니다."

"저희가 평안하다, 안전하다 할 그 때에 잉태된 여자에게 해산 고통이 이름과 같이 멸망이 홀연히 저희에게 이르리니 결단코 피하지 못하리라"(살전 5 : 3). 에스겔 선지자는 아랍 연합국들이 이스라엘을 공격할 것을 알았다(겔 38-39장). 그 군대가 구름같이 그 땅을 덮을 것이다. 그러나 하나님께서는 다음과 같이 말씀하셨다. "나 주 여호와가 말하노라 그 날에 곡이 이스라엘 땅을 치러 오면 내 노가 내 얼굴에 나타나리라 내가 투기와 맹렬한 노로 말하였거니와…"(겔 38 : 18-19). 하나님께서 진노하실 것이며 피의 언약으로 아브라함, 이삭, 야곱과 그의 후사들에게 약속의 땅을 주셨다.

러시아는 현재의 침체 상태에서 벗어날 것이다

다시 태어난 러시아는 또다시 군사 대국이 되기 위해 가까운 미래에 거대한 이슬람 군대를 이끌고 이스라엘을 정복하려는 시도를 할 것이다. 에스겔 선지자는 다가올 전투를 충격적이고도 분명하게 묘사하고 있다. 예수 그리스도께서 재림하시기 전에 세계의 세력들은 4개로 나누어질 것이다.

1. 북쪽의 왕은 러시아다. 모스크바는 예루살렘 북쪽에 있다.
2. 남쪽의 왕은 이집트와 그리고 이스라엘 남쪽에 있는 나라들이다.
3. 서쪽의 왕은 현재 유럽 연합을 이루고 있는 유럽의 국가들이다.
4. 동쪽의 왕은 유프라테스 강 동쪽에 있는 아시아의 세력이다.

여러분은 "어떻게 소련이 다시 태어날 수 있는가? 러시아나 또는 다시 태어난 소련이 이스라엘을 공격하는 일에 참여해서 무슨 이익을 얻을 수 있는가?" 라고 질문할 수도 있을 것이다.

러시아는 또다시 군사적으로 강대국이 되기를 원한다. 많은 러시아 사람들은 공산당 시절에 세운 소련을 매우 자랑스럽게 생각한다. 그런 제국을 잃어버렸다는 수치심과 경제난이 결합하여 러시아 사람들은 과거에 대한 향수, 현재에 대한 불만족, 미래에 대한 회의를 느끼게 되었다. 그런 환경에서 독재자가 나타나며, 전쟁의 바람이 온 나라를 휩쓸게 된다.

러시아가 군사 대국이 되기 위해서는 무한정으로 많은 석유를 필요로 한다. 비록 러시아가 많은 석유와 천연 자원들을 가지고 있다 할지라도, 그 자원들은 접근하기 어려운 먼 지방에 존재하고 있다. 그러므로 러시아는 산업 세계 석유의 주된 원천, 즉 페르시아만을 통제할 수 있어야만 한다.

이스라엘을 멸망시키기 위해서 끊임없이 성전을 촉구하는 이슬람 국가들이 러시아와 군사적으로 결합할 때, 그들은 러시아의 군사력으로부터 큰 이득을 얻을 수 있을 것이다. 러시아는 이슬람 국가들에게 다음과 같이 말할 것이다. "당신들은 예루살렘과 성전을 원한다. 우리는 페르시아만의 석유를 원한다. 우리 같이 힘을 합해 세계를 정복하자." 미래에 러시아와 이슬람 국가들이 의기투합하는 것을 보라!

그 결과 어떻게 될 것인가? 러시아의 지휘를 받은 거대한 이슬람 군대가 "구름이 땅에 덮임같이…"(겔 38 : 16) 이스라엘에게 달려들 것이다.

전세계적인 대립

선지자가 예루살렘과 이스라엘에 대한 공격을 어떻게 묘사하고 있는지 살펴보자.

"여호와의 말씀이 내게 임하여 가라사대 인자야 너는 미곡 땅에 있는 곡 곧 로스와 메섹과 두발 왕에게로 얼굴을 향하고 그를 쳐서 예언하여 이르기를 주 여호와의 말씀에 로스와 메섹과 두발 왕 곡아 내가 너를 대적하여 너를 돌이켜 갈고리로

네 아가리를 꿰고 너와 말과 기병 곧 네 온 군대를 끌어내되
완전한 갑옷을 입고 큰 방패와 작은 방패를 가지며 칼을 잡은
큰 무리와 그들과 함께 한 바 방패와 투구를 갖춘 바사와 구
스와 붓과 고멜과 그 모든 떼와 극한 북방의 도갈마 족속과
그 모든 떼 곧 많은 백성의 무리를 너와 함께 끌어내리라 너
는 스스로 예비하되 너와 네게 모인 무리들이 다 스스로 예비
하고 너는 그들의 대장이 될지어다 여러 날 후 곧 말년에 네
가 명령을 받고 그 땅 곧 오래 황무하였던 이스라엘 산에 이
르리니 그 땅 백성은 칼을 벗어나서 열국에서부터 모여 들어
오며 이방에서부터 나와서 다 평안히 거하는 중이라 네가 올
라오되 너와 네 모든 떼와 너와 함께 한 많은 백성이 광풍같
이 이르고 구름같이 땅을 덮으리라 나 주 여호와가 말하노라
그 날에 네 마음에서 여러 가지 생각이 나서 악한 꾀를 내어
말하기를 내가 평원의 고을들로 올라가리라 성벽도 없고 문
이나 빗장이 없어도 염려 없이 다 평안히 거하는 백성에게 나
아가서 물건을 겁탈하며 노략하리라 하고 네 손을 들어서 황
무하였다가 지금 사람이 거처하는 땅과 열국 중에서 모여서
짐승과 재물을 얻고 세상 중앙에 거하는 백성을 치고자 할 때
에… 인자야 너는 또 예언하여 곡에게 이르기를 주 여호와의
말씀에 내 백성 이스라엘이 평안히 거하는 날에 네가 어찌 그
것을 알지 못하겠느냐 네가 네 고토 극한 북방에서 많은 백성
곧 다 말을 탄 큰 떼와 능한 군대와 함께 오되 구름이 땅에

덮임같이 내 백성 이스라엘을 치러 오리라 곡아 끝날에 내가
너를 이끌어다가 내 땅을 치게 하리니 이는 내가 너로 말미암
아 이방 사람의 목전에서 내 거룩함을 나타내어 그들로 다 나
를 알게 하려 함이니라"(겔 38 : 1-12, 14-16).

에스겔은 하나님께서 적들이 이스라엘을 공격하는 것에 대해 말씀
하고 계신다는 점을 분명히 하고 있다. 그 공격의 리더는 곡이며,
그의 왕국은 마곡이다. 창세기 10장 2절과 역대상 1장 5절에 보면
마곡은 야벳의 아들들 중의 한 명이다. 인종학자들은 대홍수 후에
야벳의 후손들이 소아시아에서 카스피해와 흑해를 지나 북쪽으로 이
주했다고 말한다.

이 지역의 유일한 북쪽 땅은 러시아다!

하나님께서는 특히 "로스, 메섹, 두발"에 대해 말씀하신다. 많은
사람들은 "로스"가 러시아라는 현대어와 관련이 있으며, "메섹"과
"두발"은 각각 러시아의 우랄 지역에 있는 **모스크바**와 **토볼스크**를 가
리킨다고 믿는다.

러시아나 소련이라는 이름은 성경에 나타나지 않는다. 그러나 이
스라엘을 침략하는 자를 상세하게 묘사하고 있는 이 말씀은 러시아
를 가리키고 있는 것이 분명하다. 오늘날 구소련은 여러 개의 나라
들로 분열되었다. 그들 중 다섯 나라는 이슬람 근본주의자들의 통제
를 받고 있다. 그 나라들 중 한 나라는 구소련의 핵무기의 대부분을
가지고 있다.

이 막강한 군사력과 함께 다른 침략자들도 나타날 것이다. 즉 페르시아, 에티오피아, 리비아, 고멜, 토가르마 등이다. 에스겔이 페르시아, 에티오피아, 그리고 리비아에 대해서 말할 때, 그는 현재 이스라엘을 멸망시키기 위해 끊임없이 성전을 요구하는 이란을 말하고 있다. 고멜과 토가르마는 현재 터키가 점령하고 있는 지역을 가리킨다.

이스라엘의 수호자

하나님께서 그분의 말씀으로 이스라엘을 창조하시고, 이스라엘을 지켜주시겠다고 맹세하시며, 예루살렘을 그분의 처소로 선택하셨다면, 그분의 눈동자를 공격하는 자들과 맞서 싸우지 않으시겠는가?

스가랴는 다음과 같이 적고 있다.

"여호와의 날이 이르리라 그 날에 네 재물이 약탈되어 너의 중에서 나누이리라 내가 열국을 모아 예루살렘과 싸우게 하리니 성읍이 함락되며 가옥이 약탈되며 부녀가 욕을 보며 성읍 백성이 절반이나 사로잡혀 가려니와 남은 백성은 성읍에서 끊쳐지지 아니하리라 그 때에 여호와께서 나가사 그 열국을 치시되 이왕 전쟁 날에 싸운 것같이 하시리라"(슥 14 : 1-3)

말세에 그리스도께서 재림하시기 직전에 세상의 열 나라들은 함께 모여 예루살렘을 공격할 것이다. 그리고 하나님께서는 그분의 처소를 방어하실 것이다.

스가랴는 다음과 같이 적고 있다. "예루살렘을 친 모든 백성에게 여호와께서 내리실 재앙이 이러하니 곧 섰을 때에 그 살이 썩으며 그 눈이 구멍 속에서 썩으며 그 혀가 입 속에서 썩을 것이요"(슥 14 : 12).

나는 이것이 스가랴가 핵 폭탄을 묘사하고 있는 것이라고 믿는다. 핵 폭탄은 100만분의 1초 동안 섭씨 8,333만 도까지 생성할 수 있다. 당신의 시체가 땅에 쓰러지기도 전에 당신의 혀와 눈은 용해되어 버린다. 하나님께서는 이스라엘에 대한 이 큰 전투의 날에 핵무기를 사용하도록 허락하실 것이다. 그러나 그 때에 하나님께서는 싸우러 나가실 것이다.

침략군이 "구름 같이" 그 땅을 뒤덮을 때, "내 노가 내 얼굴에 나타나리라"고 말씀하셨다(겔 38 : 18). 결코 졸지도 않으시며 주무시지도 않으시는 이스라엘의 수호자이신 하나님께서 일어서서 아브라함의 씨를 돕기 위해 하늘의 발코니에서 싸우실 것이다.

첫째로, 하나님께서 강력하고 큰 지진을 보내셔서 산과 바다를 흔들어 놓으실 것이다. 그러면 모든 절벽과 성벽이 땅에 쓰러질 것이다(겔 38 : 19-20).

둘째로, 하나님께서는 다국적군을 혼란시키실 것이다. "…각 사람의 칼이 그 형제를 칠 것이며"(겔 38 : 21).

셋째로, 하나님께서는 그분의 미사일 발사기로 불을 내뿜으셔서 이스라엘을 공격한 자들에게 "큰 우박덩이와 불과 유황"을 퍼부으실 것이다(겔 38 : 22).

전투로 인한 부상자들이 비틀거릴 것이며 이스라엘을 공격한 모든 군대, 즉 러시아의 인도를 받은 범이슬람 군대의 6분의 5가 죽을 것이다. 그리고 시체를 매장하는데 7개월이 걸릴 것이며(겔 39:12), 전쟁의 도구를 불태우는 데 7년이 걸릴 것이다(겔 39:9).

하나님께서 이스라엘을 침략한 군대를 죽이시는 이유는 무엇인가? 에스겔이 그 답을 제시하고 있다. "내가 내 거룩한 이름을 내 백성 이스라엘 가운데 알게 하여 다시는 내 거룩한 이름을 더럽히지 않게 하리니 열국이 나를 여호와 곧 이스라엘의 거룩한 자인 줄 알리라 하셨다 하라··· 그 날 이후에 이스라엘 족속은 나를 여호와 자기들의 하나님인 줄 알겠고"(겔 39:7,22).

이스라엘은 하나님의 주권적 행위로 창조한 유일한 나라다. 하나님께서는 그분의 거룩하심으로 자신의 거룩한 도성 예루살렘을 지켜 주시겠다고 맹세하셨다. 즉 하나님께서 이스라엘을 창조하시고 지켜 주셨다면 이스라엘을 공격하는 나라들은 하나님을 공격하는 것이다.

그러나 인간의 기억력은 너무나도 짧다. 러시아가 물러난 후에 적그리스도가 정치적인 공백을 파고들어와 범세계적인 독재자가 될 것이다. 예루살렘은 그 사람이 평화의 사람으로 세계 역사의 무대로 나아와서는 히틀러의 화신이 되는 것을 보게 될 것이다.

이스라엘의 거짓 메시야 - 적그리스도

"이 네 나라 마지막 때에 패역자들이 가득할 즈음에 한 왕

이 일어나리니 그 얼굴은 엄장하며 궤휼에 능하며"(단 8 : 23)

적그리스도는 인간이다. 비록 어떤 사람들은 적그리스도, 즉 짐승이 어떤 시스템이나 컴퓨터라는 가설을 세웠을지라도 성경은 그가 인간이라고 분명하게 말하고 있다.

마태복음 24장에서 예수님께서는 많은 적그리스도, 즉 "거짓 그리스도들"이 올 것이라고 말씀하셨다. 그러나 한 사람의 독특하고, 지옥의 기름 부음을 받으며, 화려하고, 카리스마적이며, 조리 있는 세계적 지도자가 대환란의 초기에 나타나 온 세상을 피로 물들일 것이다. 성경은 그를 "멸망의 아들"(살후 2 : 3) 이라고 부르는데, 그것은 "사단의 큰아들"로 번역되어진다.

마치 하나님께서 그분의 아들이 동정녀에게서 탄생하기 전에 때가 되기를 기다리신 것 같이, 온 세상 사람들도 적그리스도가 나타나기를 기다리고 있다고 믿는다. 주위를 둘러보라. 세례 요한은 "주의 길을 예비하라"(마 3 : 3)고 외쳤다. 그리고 지금은 많은 사람들이 적그리스도를 위하여 세상을 준비하고 있다.

최근에 오랄로버츠대학교 3학년에 재학 중인 딸 크리스티나가 나의 침실로 뛰어들어와 "아빠, 이것 좀 보세요." 라고 말했다. 딸은 TV채널을 CNN에 맞추었는데, 록 가수 마릴린 맨슨에 대해 보도를 하고 있었다. 그는 자기가 사탄 교회의 대제사장이라고 말했다. 그가 부르는 노래의 가사는 강간, 근친 상간, 신체 훼손, 살인, 사탄 숭배 등을 부추기고 있었다. 그는 자본주의를 싫어하고 파시즘이 미국 미래의 희망이라고 말했다.

그가 성공했는가? 매우 성공적이었다. 그의 레코드는 발매되자마자 공전의 히트를 쳤다(300만 장 이상이 팔렸다). 수많은 미국 젊은이들이 그의 콘서트를 보기 위해 몰려들었다. 맨슨과 그의 추종자들은 사탄적 메시야가 세상을 지배하기를 갈망하고 있다. 그들은 뜻을 이룰 것이다.

미국의 기성 교회들이 적그리스도나 "반그리스도적"이 되었다. 다음과 같은 사실에 대해 생각해 보라.

· 성경이 영감을 받아 기록된 정확 무오한 하나님의 말씀임을 부인하는 교회는 적그리스도다. 예수님께서는 "내가 곧 길이요 진리요 생명"이라고 말씀하셨다(요 14 : 6). 요한복음은 다음과 같이 말한다. "…아버지의 말씀은 진리니이다"(요 17 : 17). "태초에 말씀이 계시니라 이 말씀이 하나님과 함께 계셨으니 이 말씀은 곧 하나님이시니라… 말씀이 육신이 되어 우리 가운데 거하시매 우리가 그 영광을 보니 아버지의 독생자의 영광이요 은혜와 진리가 충만하더라"(요 1 : 1, 14). 예수님께서 진리시고 말씀이 진리라면, 진리를 부인하는 것이 바로 적그리스도다.

· 동성애자들을 성직자로 임명하는 교회는 적그리스도다. 만약에 하나님께서 동성애를 인정하신다고 믿는다면 소돔과 고모라를 기억하라.

· 동정녀 탄생을 부인하는 교회는 적그리스도다.

· "경건의 모양은 있으나 경건의 능력은 부인하는⋯"(딤후 3 : 5) 교회는 적그리스도다.

· 예수 그리스도가 주되심을 부인하는 교회는 적그리스도다.

40년 전만해도 대부분의 사람들은 인간 적그리스도의 개념을 비웃었다. 그러나 그들은 더 이상 비웃지 않는다. 오늘날 수많은 미국 고등학생들과 대학생들은 그들의 옷과 책에 자랑스럽게 666이라는 수를 달고 다니며 그들의 몸에 문신을 새기고 있다.

미국에서 사탄주의가 폭발적으로 확장되고 있다. 우리의 젊은이들은 사탄과 그의 메시야 적그리스도에게 충성을 맹세하고 있다. 록 뮤직 그룹들이 사탄의 이름을 채택하고 있으며, 그들의 콘서트는 사탄 숭배를 닮았다.

깨어나라. 미국이여! 우리가 부르는 노래, 우리가 읽는 책, 우리가 구경하는 영화들은 모두 흑암의 권세와 그의 적그리스도를 찬양하고 있다.

그가 나타나는 때

러시아와 아랍 동맹국들이 패배한 후 적그리스도, 즉 사탄의 메시야가 세계 무대에 나타날 것이다. 세상이 그를 위해 준비하고 있다. 시간이 거의 임박했고 그는 지금도 살아 있을 수 있다. 예수님께서 자신이 하나님의 아들이며 인간을 구원하기 위해 세상에 보내졌다는 사실을 알고 있었듯이, 적그리스도도 자신이 사탄의 밀사며 될 수 있는 대로 많은 사람들의 생명을 파괴하기 위해서 세상에 보내졌다는 사실을 알고 있을 것이다.

예수님께서는 적그리스도의 때가 가장 나쁜 시기가 될 것이라고 경고하셨다. 마태복음 24장, 마가복음 13장, 누가복음 21장, 요한복음 16장에 기록되어 있듯이 예수님께서는 "그 날의 환란"에 대해 제자들에게 설명해 주시는 가운데서 거짓 메시야, 전쟁, 전쟁의 소문, 슬픔, 미혹, 불법, 박해, 그리고 범세계적인 재앙에 대해 예언하셨다. 말세는 너무나도 끔찍스러울 것이다. 예수님께서는 "그 날들을 감하지 아니할 것이면 모든 육체가 구원을 얻지 못할 것이나…"(마 24 : 22) 라고 말씀하셨다.

평화의 사기꾼

이 거짓 메시야는 평화의 사람으로 세상에 나타날 것이다. 아마 그는 노벨 평화상을 탈 것이다. 그에게 할당된 시간이 시작될 때, 그는 3개의 나라들을 공격하여 합병할 것이며, 사람들에게 영향력을 미치고 이끌어 갈 수 있다는 능력을 증명할 것이다. 다니엘 8장 25절은 그가 교활하게 "많은 무리를 멸하며" 라고 말하고 있다. 그는 자신의 외교적 수완과 평화를 바란다는 사실을 증명하기 위해 이스라엘과 7년 간의 협약을 맺을 것이다. 그러나 3년 반 후, 그는 그 협약을 깨뜨릴 것이다.

적그리스도는 마력과 카리스마를 가진 사람일 것이다. 흥미롭게도 역사 학자들은 히틀러가 권력을 쥐고 있을 때, 사람들이 그의 눈을 보기를 두려워했다고 기록하고 있다. 적그리스도는 그의 강렬한 시선과 인격의 힘으로 세계 지도자들을 통제할 수 있는 놀라운 힘을 가질 것이다.

적그리스도는 부활된 로마 제국인 유럽 연방에서 나올 것이다. 그는 열 개의 연합 왕국들 중의 한 나라의 지도자가 될 것이며, 그 열 개의 나라들 중 세 나라들을 정복하여 요한계시록 13장 1절에 나오는 짐승이 될 것이다. "내가 보니 바다에서 한 짐승이 나오는데 뿔이 열이요 머리가 일곱이라 그 뿔에는 열 면류관이 있고 그 머리들에는 참람된 이름들이 있더라" 그는 즉시 그 나라들에 대한 독재 권력을 쥐고, 하나님의 눈동자인 이스라엘을 향해 굶주린 시선을 보낼 것이다.

적그리스도는 군사력을 사용하여 세계를 지배할 것이다. 다니엘은 "그 대신에 세력의 신을 공경할 것이요···"(단 11 : 38) 라고 적고 있다. 비록 그가 평화의 사람으로 나타날지라도 그는 아마겟돈에 도달하기 전에 온 세상을 피로 물들일 것이다. 아마겟돈에서는 "···피가 나서 말굴레까지 닿았고 일천육백 스다디온(약 290Km)에 퍼질 것이다"(계 14 : 20).

적그리스도는 처음에는 세상의 번영을 가져다줄 것이다. 다니엘 선지자는 "그가 꾀를 베풀어 제 손으로 궤휼을 이루고···"(단 8 : 25) 라고 적고 있다. 이것은 범세계적으로 경제적 붕괴가 있을 것이라는 사실을 암시한다. 그리고 죄악의 사람, 멸망의 아들, 사탄의 장자는 번영의 약속으로 세상을 미혹할 것이다.

하나의 화폐, 하나의 종교, 하나의 지배자

세계 통치를 위한 적그리스도의 세 가지 계획은 전세계적으로 하나의 화폐, 하나의 종교, 그리고 새로운 세계 질서라고 불려지는 하나의 정부로 구성되어져 있다.

그의 경제 정책은 현금이 필요 없는 사회를 만드는 것이다. 모든 결재는 자동적으로 이루어질 것이며, 적그리스도의 정부가 붙여 주는 표시가 없으면 아무런 물건도 사고 팔 수 없을 것이다. 그러므로 적그리스도는 이 땅의 모든 사람에게 오른손이나 이마에 표시를 받으라고 강요할 것이며, 그 표시가 없으면 합법적으로 물건을 사거나 직업을 가질 수 없을 것이다. 요한계시록 13장 16-17절은 다음과 같이 말하고 있다. "저가 모든 자 곧 작은 자나 큰 자나 부자나 빈궁한 자나 자유한 자나 종들로 그 오른손에나 이마에 표를 받게 하고 누구든지 이 표를 가진 자 외에는 매매를 못하게 하니 이 표는 곧 짐승의 이름이나 그 이름의 수라"

오늘날 과학 기술은 세계 모든 사람을 자동적으로 모니터할 수 있게 만들었다. 작은 컴퓨터 칩을 심음으로써 - 아무런 고통 없이 설치할 수 있으며 맨눈으로는 볼 수 없다 - GSP(Global Positioning System) - 여러분이 어디에 있는지, 무엇을 사는지 모니터할 수 있다. GSP는 인공 위성으로 신호를 보내 개인의 정확한 위치를 알아낼 수 있는 작은 장치다. 그것은 3m 이내로 정확하게 파악할 수 있으며 현재 제트 항공기, 군함, 범죄자 모니터 등에 사용되어지고 있다.

우리는 이미 애완 동물을 스캔하고 있다. 개나 고양이의 주인은 그들의 애완 동물에게 마이크로 칩을 설치하라는 촉구를 받고 있다. 쌀알보다 작은 컴퓨터 칩을 애완 동물의 겨드랑이에 설치한다. 어떤 사람이 그 칩이 들어 있는 부분을 스캔하기 전에는 보이지도 않고 찾아낼 수도 없다. 애완 동물의 ID 넘버가 스캔에 떠오르면 정보가 필요한 사람은 누구든지 그 애완 동물의 주인의 주소, 전화번호, 수의사 그리고 기타 관련 정보를 얻을 수 있는 놀라운 일이다. 그러나 적그리스도가 사용할 프로그램과 비교하면 아무것도 아니다.

니므롯이 시날 평지 위에 막강한 탑인 바벨탑을 세우려한 이후로 사탄은 새로운 세계 질서를 세우려는 음모를 꾸몄다. 사탄은 그리스도를 시험할 때에 그리스도께 고개를 숙여 자기를 경배한다면 새로운 세계 질서를 제공해 주겠다고 제안했다. "모든 전쟁을 종식시키기 위한 전쟁"인 제1차 세계 대전이 끝난 후, 우드로우 윌슨 대통령은 국제 연맹을 창설하여 전세계에 하나의 정부를 세움으로써 평화를 유지하려 했다. 아돌프 히틀러는 독일 사람들에게 유럽에 "새로운 질서"를 가져다줄 것이라고 말했다.

비슷하게 들리지 않는가? 적그리스도는 이전의 어떤 것보다도 더욱 성공직인 진세계에 하나의 정부를 세울 것이다. 그의 세계에서는 국경도 없을 것이고, 국가들은 국제적인 지도자들이 만든 국제법에 따라 다스려질 것이다. 커뮤니케이션은 어떻게 하는가? 인터넷을 통해 쉽게 해결할 수 있을 것이다. 권위는 어떻게 유지할 수 있는가?

세계 법정이 만든 국제 평화 유지군의 지원을 받을 것이다. 세부적인 요소들은 이미 이루어졌다. 세계는 단지 지도자, 새로운 시저를 기다리기만 하면 된다.

예루살렘의 우상 숭배

적그리스도는 사악한 짝인 거짓 선지자를 갖게 될 것이다. 그리고 그들은 함께 기적을 행할 것이며 세상은 놀랄 것이다. 예수님 당시 서기관들과 바리새인들이 그분의 신성을 증명하기 위해 표적을 보여 달라고 요구했던 것과 마찬가지로 오늘날의 세상도 기적을 찾는다.

기적은 하나님 승인의 표시가 아니다. 그러나 사람들은 쉽게 속는다. 그리고 그들은 거짓 선지자가 행하는 이적과 기사를 보게 될 것이다. 그러면 그들은 적그리스도가 하나님께서 보내신 자로 믿게 될 것이다.

적법한 후사이신 예수 그리스도께서 예루살렘의 보좌를 요구하지 못하게 하려고 적그리스도는 하나님의 거룩한 도성에 그의 수도, 그의 집, 그의 본부를 세울 것이다. 거기서 그는 하나님처럼 서서 세상이 자기를 경배할 것을 명령할 것이며, 그를 경배하지 않는 자는 처형될 것이다. 어떤 신학자들은 그가 동성애자일 것이라고 믿는다. 다니엘 11장 37절이 다음과 같이 말하고 있기 때문이다. "그가 모든 것보다 스스로 크다 하고 그 열조의 신들과 여자의 사모하는 것을 돌아보지 아니하며 아무 신이든지 돌아보지 아니할 것이나"

예수님께서는 그분의 제자들에게 적그리스도가 범세계적인 숭배를 요구할 것이라고 말씀하셨다. 마태복음 24장 15-16절은 그의 경고를 다음과 같이 기록하고 있다. "그러므로 너희가 선지자 다니엘의 말한 바 멸망의 가증한 것이 거룩한 곳에 선 것을 보거든(읽는 자는 깨달을진저) 그 때에 유대에 있는 자들은 산으로 도망할지어다"

다니엘 선지자는 다음과 같이 적고 있다. "이 왕(적그리스도)이 자기 뜻대로 행하며 스스로 높여 모든 신보다 크다 하며 비상한 말로 신들의 신을 대적하며 형통하기를 분노하심이 쉴 때까지 하리니 이는 그 작정된 일이 반드시 이룰 것임이니라"(단 11 : 36).

요한계시록은 그것을 더욱 상세히 설명해 주고 있다. "지혜가 여기 있으니 총명 있는 자는 그 짐승의 수를 세어 보라 그 수는 사람의 수니 육백육십육이니라"(계 13 : 18). 성경에서 6은 죄의 숫자다. 적그리스도의 숫자는 666인데 그것은 사탄, 적그리스도, 그리고 거짓 선지자로 구성된 세 가지 귀신들의 일부임을 의미하고 있다. 그들은 세상을 속이기 위하여 적그리스도의 이름으로 기적과 기사를 행할 것이다. 그러면 많은 사람들이 적그리스도가 하나님이라고 믿을 것이다.

적그리스도가 경배를 요구하는 이유는 무엇인가? 태초부터, 즉 창세기 1장 1절 이전부터, 사탄은 경배를 받고 싶은 욕망을 가지고 있었다. 이사야는 다음과 같이 사탄의 불순한 동기를 폭로하고 있다.

"너 아침의 아들 계명성이여 어찌 그리 하늘에서 떨어졌으며

너 열국을 엎은 자여 어찌 그리 땅에 찍혔는고 네가 네 마음
에 이르기를 내가 하늘에 올라 하나님의 뭇 별 위에 나의 보
좌를 높이리라 내가 북극 집회의 산 위에 좌정하리라 가장 높
은 구름에 올라 지극히 높은 자와 비기리라 하도다"
(사 14 : 12-14)

루시퍼는 에덴 동산의 문이 열리기 전부터 경배를 받고 싶어했다.
그러한 충동이 사탄으로 하여금 광야에서 예수님을 시험하게 만들었
다. "만일 내게 엎드려 경배하면 이 모든 것을 네게 주리라"(마 4 :
9). 이제 사탄은 메신저가 하나님께 반역하는 음악과 도덕을 통해
세상으로 하여금 흑암의 세력에게 경배하게 만들고 있다.

적그리스도는 세상을 통치하는 동안 암살의 대상이 될 것이다. 요
한은 다음과 같이 말했다. "그의 머리 하나가 상하여 죽게 된 것 같
더니 그 죽게 되었던 상처가 나으매 온 땅이 이상히 여겨 짐승을 따
르고"(계 13 : 3). 적그리스도는 머리에 총을 맞을 것이나 기적적으
로 회복하여 예수 그리스도의 죽음과 부활을 모방할 것이다.

요한은 그 다음에 일어날 일에 대해 예언했다. "짐승 앞에서 받은
바 이적을 행함으로 땅에 거하는 자들을 미혹하며 땅에 거하는 자들
에게 이르기를 칼에 상하였다가 살아난 짐승을 위하여 우상을 만들
라 하더라 저가 권세를 받아 그 짐승의 우상에게 생기를 주어 그 짐
승의 우상으로 말하게 하고 또 짐승의 우상에게 경배하지 아니하는
자는 몇이든지 다 죽이게 하더라"(계 13 : 14-15).

적그리스도는 멀리 나아갈 것이다. 요한계시록 13장 6절은 우리에게 다음과 같이 말한다. "짐승이 입을 벌려 하나님을 향하여 훼방하되 그의 이름과 그의 장막 곧 하늘에 거하는 자들을 훼방하더라" 적그리스도, 사탄의 메시야가 므깃도 평지에 서서 아마겟돈 전쟁을 치르기 위해 그의 군대를 정렬시킬 때, 그는 하나님께 처음으로 반역했을 때 자기를 따랐던 천사들을 바라볼 것이다. 그는 세상의 모든 왕국을 주겠다고 제의했던 그리스도를 바라볼 것이다. 또한 그는 하나님과 함께 서 있는 휴거된 신자들을 바라볼 것이다. 그리고 다음과 같이 말할 것이다. "너희들 모두 나를 보라. 만약에 너희가 나를 따른다면 어떻게 될 것인지를 보라. 너희는 세상을 다스리게 될 것이며 나는 하나님이 그의 독생자를 보내 세상을 통치하지 못하게 막을 것이다. 나는 이곳의 하나님이다. 나는 이 도시에서 다스릴 것이며 예루살렘은 **나의 것**이다!"

적그리스도의 종말

그 보좌가 끝을 알지 못하는 예수 그리스도와는 달리, 적그리스도의 날은 유한할 것이다. 하나님께서 하늘의 군대를 준비하시는 동안 이 땅의 나라들은 적그리스도에게 대항할 것이다.

"마지막 때에 남방 왕이 그를 찌르리니 북방 왕이 병거와 마병과 많은 배로 회리바람처럼 그에게로 마주 와서 그 여러 나라에 들어가며 물이 넘침같이 지나갈 것이요 그가 또 영화

로운 땅에 들어갈 것이요 많은 나라를 패망케 할 것이나 오직
에돔과 모압과 암몬 자손의 존귀한 자들은 그 손에서 벗어나
리라··· 그러나 동북에서부터 소문이 이르러 그로 번민케 하
므로 그가 분노하여 나가서 많은 무리를 다 도륙하며 진멸코
자 할 것이요 그가 장막 궁전을 바다와 영화롭고 거룩한 산
사이에 베풀 것이나 그의 끝이 이르리니 도와줄 자가 없으리
라"(단 11 : 40-41, 44-45).

우리는 이전에 남방 왕과 북방 왕을 만난 적이 있다. 이전과 마찬
가지로 이번에도 그들은 예루살렘을 점령하고 중동의 석유 지역을
확보하기 위해 이슬람 동맹국들과 함께 음모를 꾸미는 새로운 러시
아인을 상징한다. 적그리스도는 이전에 이 왕국들을 패퇴시켰다. 그
리고 또다시 그들을 정복하려 한다. 동방에서 2억 명의 군대가 그를
향하여 달려올 때까지(계 9 : 16) 그는 아마 그들의 위협에 대해 걱
정하지 않을 것이다. 동방의 군대가 몰려온다는 소식을 들은 후, 적
그리스도는 북방과 동방의 군대를 맞이하기 위해 두 번이나 패배한
남방 왕의 영토에서 전투 지역인 아마겟돈으로 나아갈 것이다.
　그리고 그 모든 신성 모독을 견디신 하나님께서 다음과 같이 말씀
하실 것이다. "아들아, 하늘의 군대, 즉 천사들과 구약의 성도들과
신약의 교회를 데리고, 만왕의 왕이요 만주의 주로서 땅으로 내려가
라. 가서 너의 원수를 발등상으로 삼아라. 가서 온 땅을 철장으로
다스려라. 가서 너의 아비 다윗 왕의 보좌에 앉아라."

그러면 북쪽이나 남쪽이나 동쪽이나 서쪽이 아닌 하늘에서 최후의 공격이 찾아올 것이다. 그것은 요한계시록 19장에 묘사된 것으로서 예수 그리스도, 하나님의 어린 양, 유다의 사자, 영광의 주님에 의한 공격이다.

만왕의 왕께서 흰말을 타고 아마겟돈 전투지로 내려오실 것이다. 그때 그의 눈은 불같고, 하늘의 군대들이 흰말을 타고 그의 뒤를 따를 것이다. 메시야의 입에서 좌우 날 선 검인 하나님의 말씀이 나올 것이다. 그분은 그 말씀으로 혼돈에서 세상을 창조하시고 죽은 자 가운데서 나사로를 살리시며, 갈릴리 바다에서 폭풍과 파도를 꾸짖으셨다. 그의 말씀은 한 순간에 그의 적들을 깨부술 것이다.

적그리스도와 이 땅의 왕들의 군대가 유다의 사자와 전투하러 모일 것이다. 유다의 사자는 흰말을 타고 오시며, 그의 뒤에는 면류관과 흰옷을 입은 그의 군대가 따를 것이다. 나도 그 군대 속에 있을 것이다. 왜냐하면 그 군대는 교회와 함께 휴거된 자들과 하나님의 천사들로 구성되어져 있기 때문이다.

요한계시록 19장 12절에서 요한은 예수님께서 자기 밖에 모르는 이름을 가졌다고 말했다. "…또 이름 쓴 것이 하나가 있으니 자기 밖에 아는 자가 없고" 유대인으로서 요한은 하나님께서 전능하신 하나님, 즉 엘 샤다이라는 이름으로 아브라함과 이삭과 야곱에게 나타나셨음을 알고 있었다. 그러나 하나님께서는 그들에게 여호와라는 이름으로 자신을 계시해 주지 않으셨다. 족장들은 하나님께서는 전능하신 분이라는 사실을 알고 있었다. 그러나 그들은 그가 절친한 친구이시라는 개념은 갖지 못했다. 하나님께서는 에덴 동산에서 아담과 함께 거니신 것과 같이 "날이 서늘할 때에"(창 3 : 8) 그분의 자녀들과 함께 거닐기를 기뻐하신다.

십자가에서 흘리신 그분의 순결한 피가 묻은 그리스도의 겉옷은 그분의 기도 숄이다. 그분의 숄은 히브리어로 "여호와 하나님은 한 분이시다" 라는 뜻으로 그분은 만왕의 왕이요, 만주의 주가 되심을 의미한다.

"짐승(적그리스도)이 잡히고 그 앞에서 이적을 행하던 거짓 선지자도 함께 잡혔으니 이는 짐승의 표를 받고 그의 우상에게 경배하던 자들을 이적으로 미혹하던 자라 이 둘이 산 채로 유황불 붙는 못에 던지우고"(계 19 : 20)

거룩한 성 예루살렘을 침략한 적그리스도, 자기에게 경배하지 않는 의로운 유대인들을 죽인 적그리스도는 산 채로 영원히 불 못에 던져질 것이다. 예루살렘에서 영원히 다스리실 이스라엘의 거룩하신 분에게 할렐루야! 그분의 나라에는 종말이 없을 것이다.

주(註)

1. Ibrahim Sarbal, leader of the Islamic Jihad Movement in Palestine-al Aqsa Brigades. Quote is provided by the Anti-Defamation League of B`nai B`rith.
2. Quote provided by the Anti-Defamation League of B`nai B`rith.

09

미래의 전망

미래는 과거 속에 있다.

미국이 이스라엘과 손을 잡는 것의 중요한 이유는 무엇인가? 그 이유는 유대인들에 대한 성경의 역사 속에 계시되어져 있다. 미국의 운명은 이스라엘을 어떻게 대하는가에 달려 있다. 인류 역사의 공동 묘지를 보라. 이스라엘을 축복하지 아니하고 저주한 나라들을 보라. 그들은 예외 없이 하나님의 심판을 경험하고, 망각 속에 빠지며, 역사 연대기의 풋노트가 되었다. 그들의 번영은 가난이 되고, 그들의 힘은 사라지며, 국제적인 동정의 대상이 되었다.

내일은 어떠할 것인가?

만약에 당신이 미래의 예언에 대해 관심을 가지고 있다면 다음에 나오는 내용이 가장 중요한 단서를 제공해 줄 것이다. 당신이 일생 동안 도서관을 뒤져봐도 예언에 대한 성경적 기초를 이해하는 것보다 더 유익한 것을 발견할 수는 없을 것이다.

미래를 알기 위해서는 성경이 과거에 대해 말하고 있는 것을 마스터해야만 한다. 하나님께서는 과거에 하신 일을 미래에도 하실 것이다.

"백 투 더 퓨처(Back to the Future)"라는 영화에서 마티 맥플라이스의 타임 머신은 많은 사람들의 마음을 사로잡았다. 마티가 순식간에 과거로 돌아갔을 때 우리는 박수를 쳤다. 우리는 어린 시절로 되돌아가거나 조상들을 방문하는 일에 흥미를 느낀다. 그러나 인간의 상상력은 하나님께서 그분의 백성들이 미래를 내다볼 수 있도록 준비해 주신 것과 비교가 되지 않는다. 성경의 예언은 내일의 베일을 벗겨내고 장차 다가올 일에 스포트라이트를 비추어 준다.

예수님과 요셉

만약에 우리가 자기 아버지와 형제들과 백성들을 기근에서 구해 낸 구약의 챔피언인 요셉에 대해서 연구한다면 메시야의 숨겨진 이야기를 발견할 수 있을 것이다. 신학은 이것을 모형과 그림자의 원리라고 부른다. 하나의 상황이나 인생이나 예언을 연구함으로써 우리는 진리를 얻을 수 있으며, 또다른 상황들을 더욱 깊이 이해할 수 있을 것이다.

요셉은 예수님께서 탄생하기 2,000년 전에 예수 그리스도의 미래를 보여 주었다. 그 히브리인 애굽 통치자와 유대의 메시야사이의 유사성들을 살펴보자.

· 예수와 요셉이라는 이름은 구원을 뜻하는 히브리어 어근에서 나왔다. 그들은 그 백성들에게 있어서 구원적 은혜의 수단이었다. 하나님께서는 요셉을 그의 아비의 집에서 낯선 땅으로 보내셨는데, 그것은 기근의 때에 그의 가족들을 먹여 살리고 또 자기를 버린 바로 그 형제들에게 떡을 공급해 주기 위한 것이었다. 하나님께서는 예수님을 "생명의 떡"(요 6 : 48)과 "생수"(요 4 : 10)로서 아버지의 오른손에서 이 땅으로 보내셨다.

· 요셉의 형제들은 그를 거부하고 배신했다. 그의 형제들은 그를 적의 손에 팔았다. 야곱의 사랑하는 아들이 노예가 되었다. 예수님께서는 가룟 유다와 베드로와 도마로부터 배신을 당하셨다. 성경은 다음과 같이 말하고 있다. "자기 땅에 오매 자기 백성이 영접지 아니하였으나"(요 1 : 11).

· 요셉의 형제들은 그를 은 20세겔에 팔았는데(창 37 : 28) 그것은 노예 한 사람의 값이었다. 가룟 유다는 그리스도를 대제사장들에게 은 30에 팔았는데(마 26 : 15) 그것도 노예 한 사람의 값이었다.

· 요셉은 보디발의 아내로부터 강간을 당했다는 고소를 받았다. 그녀의 거짓말 때문에 그는 감옥에 갇혔다(창 39 : 19-

20). 그와 유사하게 바리새인들은 예수님의 가르침에 대해 거짓말을 하고 그분을 죽이게 했다. 예수님께서는 거짓 고소 때문에 궁극적인 지옥인 죽음으로 내려가셨다.

그러나 그것이 끝은 아니었다. 요셉은 하나님의 역사하심을 통하여 감옥에서 석방되어 궁전에 들어가 바로의 오른편에 앉았다. 예수님께서도 죽음의 결박에서 벗어나 부활하시고 승천하셔서 아버지 하나님의 우편에 앉으셨다. 모든 면에 있어서 요셉은 수세대 후에 예수님께서 걸으신 길을 먼저 걸었다.

출애굽기 이야기를 자세히 읽어 보면 채색 옷을 입은 그 사람이 자기의 정체를 밝히기 전, 요셉의 형제들이 세 번 애굽을 여행한 것을 발견하게 될 것이다. 바로의 국무총리가 가면을 벗고 자신을 드러냈을 때, 그가 "형제여, 나는 요셉이니이다." 라고 말했을 때, 그의 형제들은 공개적으로 그리고 비통하게 울었다.

어떻게 해서 요셉의 인생이 예수님과 닮을 수 있었는가? 그것은 이스라엘 땅과 관계가 있다.

처음에 유대인들은 여호수아의 지휘하에 그 땅에 들어갔다. 바벨론 유수 후에는 히브리인들이 예루살렘 성벽을 재건하고 나라를 다시 세우기 위해 느헤미야와 함께 두 번째로 그 땅에 들어갔다.

1948년에 유대인들은 유엔의 승인을 받고 세 번째로 이스라엘 땅에 들어갔다. 이사야 선지자가 미리 보았듯이 그 나라는 하루아침에 탄생했다(사 66 : 8).

요셉이 세 번째 방문 때에 그의 형제들에게 자신의 정체를 밝혔듯이, 1948년에 있은 이스라엘의 마지막 귀환은 메시야의 계시를 위해 길을 예비했다. 우리가 과거를 점검해 볼 때, 이스라엘 백성들이 메시야의 정체를 발견하게 될 순간이 바로 눈앞에 다가왔음을 알 수 있다. 세 번째 방문 때, 그분은 자신을 계시해 주실 것이다.

요셉의 형제들과 같이 이스라엘 자손들은 공개적으로 울며 비통한 눈물을 흘릴 것이다. 스가랴는 다음과 같이 말했다. "내가 다윗의 집과 예루살렘 거민에게 은총과 간구하는 심령을 부어 주리니 그들이 그 찌른바 그(예수 그리스도)를 바라보고 그를 위하여 애통하기를 독자를 위하여 애통하듯 하며 그를 위하여 통곡하기를 장자를 위하여 통곡하듯 하리로다"(슥 12 : 10).

당신이 성경의 예언을 이해할 때, 미래를 정확하게 예견할 수 있는 능력을 갖게 될 것이다. 성경의 이야기는 숨겨진 묵시록의 신학이다. 어제는 미래의 본질을 극적으로 드러내는 전조이며, 하나님께서는 미래에 하실 일을 과거에 이미 다 하셨다.

요셉은 메시야의 모형이요, 그림자다. 그의 그림자는 다가오는 세기들에 드리워져 의미심장한 기본적인 단서들을 제공해 주었다. 따라서 메시야가 오셨을 때, 다른 사람들이 그분을 알게 해 주었다.

내일을 알려 주는 7개의 게시판들

모형과 그림자라는 예언적 원리는 이스라엘의 일곱 절기들 가운데서 극적으로 증명되어진다. 이 절기들은 오늘날 당신의 결정을 안내해 줄 특별한 통찰력의 은밀한 보화를 계시해 준다.

우리가 미래를 이해하기 위해서 필요로 하는 현재의 단서들은 레위기 23장에 나타나 있다. 그 장은 모세에 대한 명령으로 시작되고 있다. "이스라엘 자손에게 고하여 이르라 너희가 공포하여 성회를 삼을 여호와의 절기는 이러하니라"(레 23 : 2).

여호와께서 메시야가 오실 때까지 수세기 동안 이스라엘을 지도하기 위하여 일곱 절기들을 세우셨다. 크리스천들은 자주 그 절기들이 유대인들에게만 해당되는 것으로 잘못 생각하고 있다. 그러나 성경은 그 절기들이 여호와께 속해 있음을 분명히 하고 있다. 여호와의 이 절기들은 거룩한 목적을 위해 세워졌으며, 모든 사람이 가까이 할 권한을 가지고 있다.

일주일이 7일이듯이, 일곱 개의 절기들은 이 땅에서 하나님의 사역을 완성한다. 각각의 절기들은 미래를 가리키는 기념비다. 그 일곱 개의 절기들은 다음과 같다.

1. 유월절
2. 무교절
3. 초실절(맥추절)
4. 오순절(칠칠절)
5. 나팔절(로쉬 하사나)
6. 속죄절(욤 키푸르)
7. 장막절(서코트)

매년 유대인들은 기억을 되살리고 새로운 마음의 평화를 발견한다. 우리가 그와 같은 영적인 여행을 완수했을 때, 하나님께서 창조의 6일 후에 안식을 취하신 이유를 이해할 수 있을 것이다. 하나님께서는 피곤치 아니하시다. 하나님께서는 우리에게 거룩한 원리를 가르쳐 주시기 위해서 안식을 취하셨다. 하나님께서는 6일 후에 안식을 취하셨다. 그와 마찬가지로 세상도 6번의 절기가 지난 후에 천년왕국이라고 불려지는 1,000년 동안의 완전한 평화와 안식에 들어갈 것이다. 이스라엘의 절기들은 미래의 일을 가리키고 묘사해 준다.

영광에 이르는 돌계단

하나님께서는 그분의 절기들을 통하여 미래에 대한 의상 리허설을 제공해 주셨다. 절기를 나타내는 히브리어 단어는 **모에드**인데 그것은 "정해진 때"를 의미한다. 미크라도 매우 유사한 의미로 "리허설이나 리사이틀"을 가리킨다. 각각의 절기들은 의상 리허설처럼 미래에 대한 중요한 그림을 제시해 준다. 일곱 절기들은 예루살렘과 이스라엘과 나머지 세상의 미래를 나타내는 하나님의 청사진이다.

우리가 연중 절기들을 따라가 본다면 여기서부터 영원까지 이르는 하나님의 길을 걷게 될 것이다. 비록 우리가 예수 그리스도께서 재림하시는 "날짜와 시간"은 알 수 없을지라도, 휴거와 재림의 대체적인 "달"은 생각해 볼 수 있을 것이다. 그 날짜는 일곱 절기들의 축적된 의미 속에 들어 있다.

하나님께서는 미래에 하실 일을 과거에 이미 다하셨다는 기본적인 원리를 기억하라.

하나님께서는 일곱 절기들을 통하여 인류를 위한 7,000년 간의 계획을 계시해 주셨다. 성경은 다음과 같이 말하고 있다. "사랑하는 자들아 주께는 하루가 천년같고 천년이 하루같은 이 한 가지를 잊지 말라"(벧후 3:8). 각각의 절기들은 하나님의 천년을 상징한다. 각각의 절기들은 시간을 측정할 수 있는 하늘의 특별한 방법을 가리킨다.

6,000년이 지나고 장막절 시기가 다가오면, 예수님의 천년 통치가 시작될 것이다. 우리는 TV를 켜고 저녁 뉴스를 볼 때마다 경험하게 되는 좌절을 잊어버릴 수 있을 것이다. 그리고 예수 그리스도께서 모든 피조물을 구속하실 때 에이즈에 감염되고, 낙태시키기를 좋아하며, 포르노그라피에 중독된, 세속적 휴머니즘이라는 하수구는 사라질 것이다.

두 가지 모습

하나님의 스톱워치로 어떻게 시간을 계산할 것인가? 이스라엘의 절기들은 두 가지의 다른 시기에 나타나는데, 그것은 이 땅에서 예수 그리스도의 두 가지 다른 모습들을 반영하고 있다.

처음에 그분은 고난받는 구세주의 모습으로 오셨지만 나중에 만왕의 왕이요, 만주의 주로 재림하실 것이다.

그리고 처음에 그분이 오셨을 때에는 헤롯과 빌라도 앞에서 끌려 다니셨다. 하지만 다음 번에 오실 때에는 헤롯과 빌라도가 그 앞에서 머리를 숙일 것이다. "하늘에 있는 자들과 땅에 있는 자들과 땅 아래 있는 자들로 모든 무릎을 예수의 이름에 꿇게 하시고 모든 입으로 예수 그리스도를 주라 시인하여 하나님 아버지께 영광을 돌리게 하셨느니라"(빌 2 : 10-11).

처음에 예수님께서 오셨을 때에는 살려 두기에는 너무나도 위험스러운 폭도로 간주되어져 로마의 십자가에 달리셨다. 하지만 다음 번에 오실 때에는 그분의 아비 다윗 왕의 보좌에 앉을 것이며(눅 1 : 32), 그분의 나라는 끝이 없을 것이다.

봄은 고난받는 구세주를 보았다. 그러나 가을은 이 땅을 "철장"으로 다스리실 영광의 왕을 기다린다.

처음 네 가지의 절기들은 봄부터 추수기까지를 가리키는데 유월절, 무교절, 초실절, 그리고 오순절은 겨울이 지나고 여름이 오는 것을 가리킨다.

나머지 세 절기들은 밀 수확이 끝날 때에 시작된다. 나팔절, 속죄절, 그리고 장막절은 유대인들에게 겨울이 다가옴을 상기시켜 준다.

두 가지 종류의 절기들은 두 번에 걸친 비의 계절과 일치한다. 봄은 이른 비로 시작되며 늦은 비는 가을에 온다. 호세아 선지자는 계절과 우기가 미래에 대한 "내부 정보"임을 알고 있었다. 그는 다음과 같이 적었다. "그의 나오심은 새벽 빛 같이 일정하니 비와 같이, 땅을 적시는 늦은 비와 같이 우리에게 임하시리라 하리라"(호 6 : 3)

그 절기들은 예수님의 재림에 이르는 일련의 사건들을 미리 내다봄으로써 그분의 재림을 예언하고 있다.

이른 비의 계절에 나타나는 절기들로부터 시작해서 우리가 무엇을 발견할 수 있는지를 알아보자.

첫 번째 절기 : 유월절

아빕월(태양력으로는 3월이나 4월) 10일에 유월절을 지킬 준비를 시작한다. 여호와께서는 다음과 같이 명령하셨다. "이 달로 너희에게 달의 시작 곧 해의 첫 달이 되게 하고 너희는 이스라엘 회중에게 고하여 이르라 이 달 열흘에 너희 매인 이 어린양을 취할지니 각 가족대로 그 식구를 위하여 어린양을 취하되"(출 12 : 2-3).

4일 동안 흠 없고 1년된 수양을 집에 묶어 두어서 가족들이 그 어린양을 사랑하는 애완 동물처럼 기억하게 한다. 오후 3시에 가장은 어린양의 머리에 안수하고 목을 자른다. 그리고 나서 순결한 피를 문지방과 문설주에 바른다. 그러면 그 집은 문자 그대로 피로 인치심을 받게 된다.

그 가족은 죽음의 천사의 애굽 여행을 기억할 뿐만 아니라 그것을 재연한다. 애굽의 장자들은 죽었다. 그러나 이스라엘의 장자들은 살아 남았다. 어린양의 피가 있는 곳에서는 천사가 그냥 넘어갔다. 만약에 문에 어린양의 피가 묻어 있지 않다면 그날 밤에 장자가 죽었을 것이다.

이 특별한 저녁에 이스라엘은 피에 의한 구속의 의미를 배웠다. 오늘날과 마찬가지로 아버지는 그 가정의 영적인 지도자였다. 만약에 아버지가 영적인 의무를 다하지 못한다면 그 자식들에게 죽음이 임할 것이다. 현대의 아버지들의 믿음이 흔들릴 때에 자녀들은 영적으로 그리고 육체적으로 죽음을 맞이하게 될 것이다.

어떻게 유월절이 미래의 모형이 되었는가? 예수님께서 유월절 의식의 의미를 성취하셨다. 세례 요한이 예수님을 본 순간 그는 "…보라 세상 죄를 지고 가는 하나님의 어린양이로다"(요 1 : 29) 라고 소리쳤다. 예수님께서는 하나님의 흠 없는 어린양이셨다.

빌라도까지도 "…나는 그에게서 죄를 찾지 못하노라"(요 19 : 6)고 말했다. 유월절 어린양이 공개적으로 드러내 보여졌듯이 예수님께서도 성전에서 이스라엘 백성들 앞에 서서 바리새인들의 심문을 받으셨다. 그분은 온 인류에 대한 죄와 사망의 지배를 종식시키셨다.

사망이 죽음을 맞이하다

A.D. 33년 아빕월 14일 제3시(오전 9시)에 이스라엘의 대제사장이 어린양을 희생 제단에 묶었다. 바로 그 순간에 예루살렘 성 밖에서 하나님의 어린양이신 예수님께서 십자가에 못박히셨다. 어린양과 예수님은 6시간 동안 죽음을 기다리셨다. 마침내 제9시(오후 3시)에 대제사장은 성전의 제단으로 올라가 어린양을 희생 제물로 바쳤다. "다 이루었다"는 그분의 말씀이 예루살렘에 울려 퍼졌다.

갈보리산에서 모든 피조물의 최후의 대제사장이신 아버지 하나님께서 그분의 거룩한 손을 독생자의 머리 위에 얹고 세상의 모든 죄를 예수님께 전가시키셨다. 예수님께서는 피에 젖은 얼굴을 하늘로 향하여 들고 승리 가운데서 "다 이루었다"(요 19 : 30)고 외치셨다.

과거는 미래의 안내자였다. 유월절은 하나님께서 피흘림을 통하여 그분의 백성들을 구원하셨음을 선언했다.

나의 친구여, 우리도 피로 구속함을 받았다. 그러나 염소나 황소의 피로 구속함을 받은 것은 아니다. 우리는 임마누엘이 흘리신 보혈로 구원을 받았다. 솔로몬이 성전 헌당식을 하면서 22,000마리의 동물들을 죽였을 때, 제단에서 흘러나온 피로 구원받은 것이 아니다. 우리는 그리스도께서 십자가 위에서 단번에 드리신 피로 모든 죄에서 깨끗함을 받았다. 우리는 헤롯이 그리스도의 도래를 막기 위해 죽인 유아들의 피로 구원받은 것이 아니다. 지옥의 모든 귀신을 두려워 떨게 만든 피를 통하여 구원을 받았다.

유월절은 이스라엘이 자유를 경축하는 절기다. 히브리인들이 애굽이 아니라 바로의 소유였다는 것은 역사적 사실이다. 그 폭군은 하나님이나 사람을 두려워하지 않았다. 그의 어리석은 거만함은 마치 맷돌처럼 그의 목에 걸려 있었다. 그리고 마침내 그를 홍해 바다 깊은 곳에서 죽게 만들었다. 바로가 익사했을 때 그는 노예들에 대한 통제권을 잃어버렸다. 유대인들에 대한 그의 소유권은 즉시 그리고 영원히 사라져 버렸다.

매년 유월절이 찾아올 때마다 하나님께서는 그분의 백성들에게 자신이 그들을 석방시켜준 유일한 분이라는 사실을 상기시켜 주셨다. 당신과 나도 죄와 사탄의 노예였다. 우리는 쇠사슬과 속박 가운데서 살았다. 그러나 예수 그리스도께서 유월절 어린양이 되셨을 때, 그분은 우리의 생명 가운데서 죽음의 통치를 종식시키셨다. 하나님의 어린양은 십자가에서 "다 이루었다" 라고 외치셨다. 바로 그 순간에 우리는 죽음과 지옥과 무덤으로부터 해방되었다. 우리는 과거의 죄의식과 내일의 두려움으로부터 해방되었고 사탄은 영원히 패배했다. "그러므로 아들이 너희를 자유케 하면 너희가 참으로 자유하리라" (요 8 : 36).

하나님의 예언적 스톱워치는 A.D. 33년 유월절 밤에 돌아가기 시작했다. 시계 바늘이 그 날의 매시간을 가리키는 숫자들을 스치고 지나갈 때, 백성들은 아무런 두려움이나 염려도 없이 미래를 바라볼 수 있게 되었다. 우리는 아직까지 판단할 수 없는 것에 대해서도 확신을 가지게 되었다.

당신은 더 이상 어제에 의해서 패배할 수 없다. 그리고 당신이 내일을 두려워할 필요도 없다. 하나님께서는 "나는 위대한 **스스로 있었던 자다**" 라고 말씀하시지 않으셨다. "나는 위대한 **스스로 있을 자다**" 라고도 말씀하시지 않으셨다. 하나님께서 "나는 위대한 **스스로 있는 자다**"(출 3 : 14) 라고 선언하시기 때문에 당신은 오늘 기쁨과 승리 가운데서 살 수 있다. 그분은 현재의 하나님이시다.

유월절은 미래에 대한 첫 번째 예언적 징조였고, 그것의 의미는 갈보리에서 성취되어졌다. 이제 하나의 시대가 지나가고 여섯 개의 시대가 남아 있다.

두 번째 절기 : 무교절

아빕월 14일, 일주일 동안의 유월절 잔치가 시작된 후, 밤에 무교절을 지켰다. 유대인들은 구운 어린양과 쓴 나물과 무교병을 먹었다. 예수님 당시에 사람들은 그 전날에 죽인 어린양을 먹었다.

이 유월절 식사는 그리스도의 죽음과 부활을 상징하는 것이었고 의식 도중에 무교병을 세 조각으로 나누었다. 두 번째 조각은 흰천으로 싸서 잠시 동안 숨겨 두었다가 큰 기쁨 가운데서 찾아냈다.

이것은 생명의 떡이신 예수 그리스도께서 채찍으로 맞아 상처를 입으시고, 칼에 찔리시며, 세마포에 싸여져 빌린 무덤 속에 숨겨질 것을 상징한다. 예수님께서 배반을 당하시던 밤에 제자들과 함께 최후의 만찬을 잡수셨다. 그리고 그들에게 떡은 그들을 위해 찢어질 그분의 몸이라고 말씀하셨다.

무교절의 떡에 누룩이 없었던 것과 같이 예수님께서도 죄가 없으셨다. 그분의 몸은 3일 동안 숨겨져 있었다. 그러나 그분은 부활하셔서 큰 기쁨 가운데서 이 땅에 다시 나타나셨다.

잔치가 시작되기 전에 집 안에 누룩이 남아 있지 않도록 깨끗이 청소를 해야만 했다. 누룩은 떡을 부풀게 한다. 이스라엘의 정결한 군대는 실제적으로 유월절이 끝날 때까지 비유대인 고용인에게 물품 창고, 곡물 창고, 정부가 공급한 음식, 주방 기구 등을 "판다".[1]

하늘에 계신 아버지께서는 이 기간 동안에 유교병을 먹는 유대인은 그 백성들 중에서 제하여 버리라고 명령하셨다(출 12 : 15). 하나님의 심판이 그토록 가혹한 이유는 무엇인가? 성경에서 누룩은 죄의 상징이기 때문이다. 누룩은 하나님을 필요 없다고 생각하게 만드는 교만과 거만함을 상징한다. 예수님께서는 "삼가 바리새인과 사두개인들의 누룩을 주의하라"(마 16 : 6)고 말씀하셨다. 바울도 "너희의 자랑하는 것이 옳지 아니하도다 적은 누룩이 온 덩어리에 퍼지는 것을 알지 못하느냐"(고전 5 : 6) 라고 말했다.

이 절기의 메시지는 무엇인가? 하나님께서는 결코 죄를 용납하지 않으신다는 것이다.

누룩과 같이 죄는 우리를 부풀어오르게 만든다. 성경은 우리의 죄가 항상 우리를 찾을 것이며, 죄의 삯은 사망이라고 경고한다. 그리고 성경은 죄에 대해 분명하게 말하고 있다. 우리는 자신의 죄악된 행동에 대해 책임을 져야 할뿐만 아니라 선행을 게을리 한 것에 대해서도 책임을 져야만 한다. 야고보는 다음과 같이 썼다. "이러므로 사람이 선을 행할 줄 알고도 행치 아니하면 죄니라"(약 4 : 17).

조국이여, 깨어나라. 무교절은 우리에게 영원히 중요한 사실을 경고해 주고 있다. 아무도 하나님의 매를 피할 수 없다. 절기를 제대로 지키지 않는 유대인들은 불순종으로 인하여 "제하여지거나" 죽임을 당했다. 우리도 다르지 않다. 너무나도 많은 사람들이 하나님께서 죄의 심각성에 대해 그 마음을 바꾸지 않으셨다는 사실을 망각했다.

지난 40년 동안 세속적인 휴머니즘이 우리들의 마음에서 절대적인 선과 악의 감각을 박탈했다. 지금 우리의 자녀들은 "구명 보트" 윤리로 살아가고 있으며, 대법원에 의해서 우리의 교실에서 십계명이 추방되었다. ACLU(미국자유인권협회)는 종교로부터의 자유를 요구하며, 학생들은 더 이상 죄를 믿지 않는다. 거짓말은 "외향적" 이거나 "상상력이 풍부한 것"으로 간주되어진다. 간음은 이제 "자유 연애"다. 우리의 정부는 NEA(예술 자원 기금)를 통해서 십자가에 달리신 예수님을 소변기에 들어 있는 것으로 묘사하는 예술가들에게 우리의 세금을 지급하고 있다. 미국에서는 더 이상 성스러운 것이 없다.

미국의 낙태 수술실에서 매일 4,000명의 아기들이 살해되고 있다. 그토록 가증스러운 행동이 전문가들이 생각하는 것보다 훨씬 많이 자행되고 있다. 매주 TV에는 끝없이 살인과 파괴의 장면들을 제공해 줄 때, 죽음의 문화가 피를 토하며 우리의 안방으로 밀려들어오고 있다.

더욱 나쁜 것은 우리의 정치 지도자들이 도덕적 타락을 이끄는 행렬에 앞장을 서고 있다는 사실이다. 중국이 미국의 민주주의를 타도하기 위해 전력을 다하는 동안에도 클린턴 행정부는 링컨의 침실을 최고 입찰자에게 팔아 넘겼다. 국회의사당에서 국회의원들은 마치 기념 우표처럼 그 영향력을 판매하고 있다. 더 이상 수치라는 말이 아무런 의미를 갖지 못하고 있다!

여러 가지 스캔들 가운데서 헤어나지 못하는 정치인들이 어떻게 하면 높은 평점을 받을 수 있는가? 의의 기준이 없다면, 죄의 개념이 없다면, 영예의 개념이 없다면, 고결함에 대한 이해가 없다면, 그렇게 할 수 없을 것이다. 이러한 것들이 없다면 그 나라는 급속히 도덕적 불감증에 빠져들게 될 것이다. 아무도 "의는 나라로 영화롭게 하고 죄는 백성을 욕되게 하느니라"(잠 14 : 34)는 성경의 경고에 귀를 기울이지 않는다.

미국에서 무엇이 잘못되었는가? 분명히 교회도 문제의 일부분이다. 우리는 무척 당혹스럽다. 이 땅의 강단에서 전해지는 "값싼 은혜"가 부도덕을 위한 무대를 마련해 주고 있다. 사람들은 얼굴에 미소를 띠고 죄와 허물을 향하여 윙크를 보내고 있다. 자기 만족이 "나는 은혜로 말미암아 회심했다"는 말로써 우리의 양심을 노예로 만들고 있다.

사랑하는 친구여, 내가 당신에게 한마디 하겠다. 값싼 은혜는 단지 죄를 용서할 뿐이다. 하나님의 은혜는 죄인을 용서하신다. 만약에 당신이 진실로 용서받기를 원한다면 새로운 피조물이 되어 "실족"은 자연스러운 일이며 있을 수도 있는 일이라고 말하는 사람들에게 가지 말고, 하나님께로 가라. 당신의 죄를 분석하려 하지 말고 그것을 고백하라.

당신에게 영원한 사실 한 가지를 상기시켜 주겠다. 은혜는 결코 죄의 면허장이 아니다. 그 행동에 변화를 요구하지 않고 용서해 주는 것은 하나님의 은혜를 악과 공범자가 되게 만드는 것이다. 예수님께서는 간음하다 잡힌 여인에게 "가서 더 이상 죄를 짓지 말라"고 말씀하셨다. 예수님께서는 그녀가 변화하기를 기대하셨고 그분은 지금도 여전히 변화를 기대하신다. 친구들이여, 무교절을 주목하라. 하나님께서는 결코 죄에 대하여 관용을 베풀지 않으신다.

만약에 하나님께서 소돔과 고모라에서 의인 열 사람만 발견할 수 있었다면 그 성들을 멸망시키지 않았을 것이다. 그러나 완전한 도덕적 붕괴 때문에 하나님께서는 그 도시들을 완전히 멸망시키셨다. 하나님께서 미국은 예외로 봐 주실 것이라고 생각하는가? 하나님의 눈길은 지금 이 순간에도 미국 사회를 감찰하고 계신다. 만약에 하나님께서 도덕적 영적 부패를 저지할만한 사람들을 발견하시지 못하는 날이 온다면 이 나라도 멸망시키실 것이다.

미국의 최선의 국가 방어 정책은 더 많은 스틸스 폭탄을 제조하고, 더 많은 콘돔을 만들며, 더 많은 성교육을 시키고, 마약 중독자들을 위하여 더 깨끗한 주사 바늘을 공급해 주는데 있는 것이 아니다. 우리의 오직 유일한 소망은 하나님의 의의 부흥이 이 나라를 휩쓸게 하는 데에 있다. 미국은 의의 부흥을 하거나 거리의 반역자가 될 것이다.

세 번째 절기 : 초실절(맥추절)

무교절 직후인 아빕월 16일에는 초실절로서 이스라엘이 깊은 홍해를 살아서 건너간 날을 기념한다. 이스라엘 자손들은 수중 무덤과 같은 홍해로 갔으나 하나님께서 그들을 건너편으로 데리고 가셔서 자유로운 백성의 나라를 이루게 하셨다. 그러나 그들은 그것이 하나님께서 온 세상에 구원을 가져다주신 것을 증명하고 있다는 사실은 알지 못했다. 초실절은 성금요일과 부활절을 상징하며, 예수 그리스도의 죽음과 부활의 모형이다. 사도 바울은 다음과 같이 적었다. "그러나 이제 그리스도께서 죽은 자 가운데서 다시 살아 잠자는 자들의 첫 열매가 되셨도다"(고전 15 : 20).

예수님께서는 죽음의 방을 둘러보셨다. 그리고 3일 만에 부활하셔서 "나는 부활이요 생명이니 나를 믿는 자는 죽어도 살겠고 무릇 살아서 나를 믿는 자는 영원히 죽지 아니하리니···"(요 11 : 25-26) 라고 선언하셨다. 성도에게는 영적인 죽음이 없다. 비록 그의 육체는 죽을지라도 그의 영은 그리스도와 함께 산다.

이스라엘이 죽음의 문턱(홍해)에서 살아 나와 마른 땅을 밟았듯이, 예수 그리스도께서는 죽음과 지옥과 무덤을 이기고 승리하셨다. 그리고 예수님께서 예언하셨듯이, 권세와 정사를 정복하셨다. 로마도 그분에게 유죄 판결을 내릴 수 없었다. 십자가도 그분을 정복할 수 없었고, 무덤도 그분을 가두어 놓을 수 없었다. 그분은 이 순간에도 그분의 재림의 시간을 기다리면서 하나님 우편에 살아 계신다. 예수님께서 재림하실 때, 왕들과 여왕들과 대통령들과 수상들이 그분의 발 밑에서 고개를 숙이고 그분이 주님이라는 사실을 고백하며 아버지 하나님께 영광을 돌릴 것이다.

네 번째 절기 : 오순절(칠칠절)

시완월(태양력으로 5월이나 6월) 2일, 초실절이 지난 후 정확히 50일째 되는 날 율법을 받은 것을 기념하기 시작한다. 출애굽과 그리고 또 히브리인들이 기적적으로 홍해를 탈출한 후에 - 이스라엘은 거기서부터 시내산 기슭에 도달할 때까지 여행했다 - 하나님께서는 모세에게 백성들을 깨끗이 하라고 명령하셨다. 47일 간 여행한 끝에 그들은 3일 동안 몸을 깨끗이 했다. 결과적으로 합계 50일이 된다. 그래서 오순절이란 말이 생겼다. 그들은 두렵고 떨리는 마음으로 하나님의 위대한 산인 시내산에 다가가 십계명을 받았다.

모세가 하나님과 대화를 나누기 위해 산으로 올라갔을 때, 땅이 흔들리고 강력한 바람이 사막을 휩쓸었으며 산꼭대기에서는 불길이 치솟았다. 유대인 전승에 의하면, 하나님께서 모세에게 말씀하실 때 히브리어뿐만 아니라 세상의 모든 언어로 말씀하셨다고 한다. 그러나 이 이야기 속에는 그 이상의 어떤 것이 일어났다.

미래를 위해서, 그리고 온 이방인의 세상에 복음을 전하려는 사명을 위해서 무대가 설치되었다. 하나님께서는 예수 그리스도께서 부활하신 지 50일 후에 행하실 일을 정확하게 수행하고 계셨다.

시내산에서 있은 히브리인들의 이야기를 염두에 두고 사도행전에서 발견되는 오순절의 이야기를 살펴보자. 최초의 오순절의 모든 측면은 120문도들이 예수님께서 최후의 만찬을 하신 장소인 다락방에서 반복되어졌다. 10명은 기도회를 갖기 위해서 유대 율법이 요구하는 숫자였다. 이스라엘 12지파 각각에 대한 10명의 대표자들이(합계 120명) 함께 모여 예수님께서 그들에게 "…너희는 위로부터 능력을 입히울 때까지 이 성에 유하라"(눅 24 : 49)고 명령하신 이유를 이해하려고 노력했다. 그들은 마음을 합하여 기도했다. 그러다가 갑자기 모세가 시내산에서 한 경험이 재현되어졌다.

급하고 강한 바람이 다락방을 가득 채웠다. 마치 시내산 꼭대기에 불이 임했듯이 그들의 머리 위에 불의 혀같이 갈라진 것이 나타났다. 며칠 전에 예수님께서는 자신을 따르는 자들에게 다음과 같이 약속하셨다. "오직 성령이 너희에게 임하시면 너희가 권능을 받고 예루살렘과 온 유대와 사마리아와 땅 끝까지 이르러 내 증인이 되리라 하시니라"(행 1 : 8).

놀라운 방식으로 권능이 임했다. 마치 하나님께서 시내산에서 모든 언어로 말씀하셨듯이 제자들도 다락방에서 모든 언어로 말했다. 시내산의 불은 오순절의 권능을 예시했다.

사도 바울은 "하나님의 나라는 말에 있지 아니하고 오직 능력에 있음이라"(고전 4 : 20)고 선포했다. 텅빈 무덤의 복음은 권능의 이야기다. 그 메시지를 오해하지 말자. 그분의 이름에 권능이 있고, 그분의 복음에 권능이 있으며, 그분의 피에 권능이 있고, 그분의 교회에 권능이 있다. 만약에 사도들이 다락방에서 복음성가를 부르기를 원했다면 아마 다음과 같은 것을 선택했을 것이다. "예수님의 이름을 찬양하라. 천사들이여, 엎드려라. 왕관을 가져오라. 만유의 주님이신 그분에게 면류관을 씌워라!"

오순절 권능의 목적은 전도다. "오직 성령이 너희에게 임하시면 너희가 권능을 받고 예루살렘과 온 유대와 사마리아와 땅 끝까지 이르러 내 증인이 되리라 하시니라"(행 1 : 8). 모든 크리스천이 최우선적으로 해야 할 일은 영혼 구원이다. 솔로몬은 "…지혜로운 자는 사람을 얻느니라"(잠 11 : 30)고 말했다. 초자연적인 권능의 첫 번째 증거는 영혼을 구원하는 것이다. 그것이 없다면 기독교는 열매 없는 나무요, 물 없는 샘이요, 비 없는 구름이다.

의상 리허설을 놓치지 말라

유월절, 무교절, 초실절, 오순절 등으로 구성된 "이른 비"의 절기들은 재림의 드라마를 위해 하나님께서 준비하신 네 가지 것들이다. 이 절기들의 예언적 짝(대조물)들은 지나갔으며, 그들의 역할은 성취되어졌다.

하나님의 시계 바늘은 신속히 움직인다. 처음 네 가지 절기들이 과거의 일을 예언했듯이, 나머지 절기들은 미래의 일을 예측하는 것을 도와준다.

다섯 번째 절기 : 나팔절(로쉬 하사나)

유대력의 첫날인 로쉬 하사나는 일곱 번째 달인 티쉬리월(태양력으로는 9월이나 10월) 첫날에 시작된다. 유대인들의 전승에 따르면 이 날은 하나님께서 첫째 사람인 아담을 창조하신 날이다. 이 날은 또한 심판의 날이라고도 불려지는데, 하나님께서 보좌에 앉으셔서 각 개인의 1년 동안의 운명을 결정하신다. 하나님에 대한 신뢰를 나타내기 위해서 유대인들은 이 절기 때에 가장 좋은 옷을 입는다. 대개 순결을 상징하는 흰옷을 입고 기쁨으로 그날을 경축한다.[2]

로쉬 하사나, 즉 나팔절은 모세에게 주신 여호와의 명령을 이행하는 날이다. "이스라엘 자손에게 고하여 이르라 칠월 곧 그 달 일일로 안식일을 삼을지니 이는 나팔을 불어 기념할 날이요 성회라"(레 23:24).

"나팔을 부는 것"은 로쉬 하사나 행사 기간 동안에 정확히 100번을 부는 숫양의 뿔을 가리킨다. 유대인 학자인 모세 마이모니데스는 나팔을 부는 것의 이론적 근거를 다음과 같이 설명하고 있다.

비록 로쉬 하사나의 나팔 소리가 토라의 명령이라 할지라도 그것은 깊은 의미를 가지고 있다. 그것은 마치 "잠자는 자여 깊은 잠에서 깨어나라… 너의 행동을 살피고 회개하라. 너의 창조주를 기억하라."는 의미다.[3]

처음 네 절기들은 아주 근접해 있는 반면, 많은 시간이 지난 후에 가을의 나팔절이 시작된다(240페이지 참조 – "유대력").

이 긴 시기는 우리가 살고 있는 은혜의 시대를 상징한다. 그 모든 절기 중에서 이것은 정확하게 결정할 수 없는 유일한 시기다. 이 시기는 지금 우리가 살고 있는 시기며, 천사들이 하나님의 큰 나팔을 불기를 기다리는 시기다. 하나님의 큰 나팔은 그리스도의 신부를 하늘로 부를 것이다.

하나님의 나팔은 세상이 받을 수 있는 가장 중요한 신호다. 로쉬 하사나는 매우 가까이 다가온 교회의 휴거의 모형이다.

휴거란 무엇인가? 바울은 고린도전서 15장 51-52절에서 다음과 같이 석고 있다. "보라 내가 너희에게 비밀을 말하노니 우리가 다 잠잘 것이 아니요 마지막 나팔에 순식간에 홀연히 다 변화하리니 나팔 소리가 나매 죽은 자들이 썩지 아니할 것으로 다시 살고 우리도 변화하리라"

유대력

월	일	절기	단어의 의미	태양력
1. 아빕월	10일	유월절 어린양의 선택	푸른 이삭	3, 4월
	14일	유월절		
	15-21일	무교절		
	16일	초실절(맥추절)		
2. 이야르			밝음	4, 5월
3. 시완월	2일	오순절(칠칠절)		5, 6월
4. 담무스				6, 7월
5. 압			열매	7, 8월
6. 엘룰			아무데도 쓸데없음	8, 9월
7. 티쉬리월	1일	나팔절(로쉬 하사나)	넘치는 강	9, 10월
	10일	속죄절(욤 키푸르)		
	15-21일	장막절(서코트)		
8. 마르헤쉬완			비	10, 11월
9. 기슬르				11, 12월
10. 데벳				12, 1월
11. 스밧				1, 2월
12. 아달			불	2, 3월

　바울은 하나님의 예언적 달력상 그 다음 사건인 휴거의 신비에 대해 설명했다. 하나님의 나팔 소리가 울려 퍼질 때, 이미 죽은 성도들은 무덤에서 나와 썩지 않을 몸으로 부활하여 새롭고도 초자연적이며 영원 불멸한 몸을 갖게 될 것이다. 아직 육체적인 죽음을 당하지 않은 성도들은 구름 속으로 들림을 받아 예수 그리스도를 만나게 될 것이다. 그리스도의 신부, 즉 이러한 대규모의 성도들의 모임을 흔히 휴거라고 부른다.

　예수님께서는 재림에 대해 역설적으로 설명하셨다. "그러나 그 날과 그 때는 아무도 모르나니 하늘의 천사들도, 아들도 모르고 오직 아버지만 아시느니라"(마 24 : 36)고 말씀하셨다. 그 반면에 우리는 예수님께서 "문 앞 가까이 오셨다"는 분명한 사실도 알 수 있다(마 24 : 33).

　예수님께서 가까이 오셨다는 사실을 우리가 어떻게 알 수 있는가? 그 단서는 마태복음 24장 38-39절에서 발견할 수 있다. "홍수 전에 노아가 방주에 들어가던 날까지 사람들이 먹고 마시고 장가들고 시집가고 있으면서 홍수가 나서 저희를 다 멸하기까지 깨닫지 못하였으니 인자의 임함도 이와 같으리라"

　노아는 우리와 매우 유사한 상황에서 살았다. 하나님께서는 경고하시고 회개하라고 촉구하셨다. 그리고 노아에게는 준비하라고 말씀하셨고 노아는 순종했다. 비록 홍수가 언제 올 지 정확한 시간은 알지 못했을지라도 그는 그것이 문 앞까지 가까이 왔음을 알았다. 하나님께서 노아와 그의 가족들과 짐승들을 방주에 넣고 직접 문을 닫으셨기 때문이다. 노아는 언제 비가 내리고 깊은 샘들이 터질지 정확한 시간은 알지 못했다. 그러나 그는 의심할 여지도 없이 그 때가 가까워졌음을 알고 있었다.

우리는 나의 책 「종말의 시작」(Beginning of the End)에서 상세히 설명한 성경적 예언의 징조로부터 종말이 가까워졌음을 알고 있다. 의심할 여지도 없이 우리는 마지막 세대다.

언제 교회의 휴거가 일어날 것인가? 나는 그것이 나팔절에 일어날 것이라고 믿는다.

마지막 나팔의 신비

기독교계 내에는 나팔절의 의미에 대해 큰 혼란이 존재하고 있다. 성실한 사람들도 휴거에 대한 바울의 가르침의 진정한 의미를 놓치고 있다. 그는 다음과 같이 적었다. "보라 내가 너희에게 비밀을 말하노니 우리가 다 잠잘 것이 아니요 마지막 나팔에 순식간에 홀연히 다 변화하리니"(고전 15 : 51).

어떤 신학자들은 "마지막 나팔"이 있다면 일련의 나팔들이 있어야만 한다고 추론한다. 신약에서 일련의 나팔들이 언급된 유일한 곳은 요한계시록 8-9장이다. 그래서 그 신학자들은 교회가 대환란을 통과할 것이라고 추측한다.

이방인 신학자들이 곁길로 빠지지 않으려면 신앙의 유대적 뿌리를 이해해야만 한다. 그 대답은 고대 유대의 결혼식 가운데 있다. 이제 그 결혼식 절차를 따라가 보기로 하자.

전통적인 의식에 따르면 신랑은 지참금, 약혼 증서, 그리고 포도주가 든 가죽 부대 등 세 가지를 가지고 신부의 집으로 간다. 신부의 아버지가 신랑의 예물을 받아들인다면 그는 딸을 부른다. 신부도 그것을 받아들인다면 포도주를 마신다. 그러면 즉시 나팔을 불어 그들의 약혼을 선포한다.

약혼한 다음 1년 동안 약혼자들은 서로를 볼 수 없다. 그리고 보호자가 항상 그들을 따라 다닌다. 이 기간 동안에 신랑은 그의 아버지의 집으로 가서 신혼방을 준비한다.

결혼식을 위하여 청첩장을 보내지 않는다. 그리고 미리 결혼식 날짜를 잡아 놓지 않는다. 신랑에게 결혼식 날짜를 묻는다면 그는 "오직 나의 아버지만 아십니다."라고 대답할 수밖에 없다. 그 이유는 무엇인가? 아버지가 자기 아들의 준비를 인정하기 전에는 신부를 데리러 갈 수 없기 때문이다.

그러므로 신부는 신랑이 도착했을 때, 놀라지 않기 위해 항상 준비하고 있어야만 했다. 신랑이 밤에 찾아와 신부의 준비되지 않은 모습을 발견하지 않도록 신부는 창문에 불을 밝혀 놓았으며 손에는 횃불을 들고 있었다.

신랑의 아버지가 모든 준비가 다 되었음을 인정하고 그의 아들을 신부에게 보낼 때, 두 번째 나팔을 불었다. 이 나팔은 신랑이 오는 것을 알리는 것으로 "마지막 나팔"이라고 불려졌다. 그러면 신랑은 신부의 아버지에게 결혼 증서를 제시했다. 신랑은 그녀를 자기의 신부로 선언하고 그녀의 아버지의 집에서 자기 아버지의 집으로 데리고 갔다. 신랑의 아버지는 기다리고 있다가 그 부부를 맞아들이고, 신부의 손을 잡아 신랑의 손에 얹었다. 바로 그 순간에 그녀는 그의 아내가 되었다. 그 행동은 "프리젠테이션"이라고 불려졌다.

프리젠테이션이 있은 후에 신랑은 그의 신부를 자기가 준비해 놓은 장소로 데리고 간다. 그리고 나팔 소리를 듣고 축하해 주려고 찾아 온 친구들에게 그녀를 소개한다. 바울은 고린도후서 11장 2절에서 교회에게 다음과 같이 썼다. "내가 하나님의 열심으로 너희를 위하여 열심 내노니 내가 너희를 정결한 처녀로 한 남편인 그리스도께 드리려고 중매함이로다"

이것은 하나님께서 우리를 위해 예비하신 것을 상징한다. 우리는 갈보리에서 그분의 보혈로 값 주고 산 그리스도의 신부이다. 바울은 "값으로 산 것이 되었으니···"(고전 6 : 20) 라고 말했다. 전능하신 아버지께서는 하늘에서 내려다보시며 우리의 구속의 대가를 받으신다. 신부인 우리는 신랑을 받아들이며, 또한 우리를 위한 그분의 사랑의 증거도 받아들인다.

우리가 오순절과 나팔절 사이에서 기다릴 때, 우리의 신랑되시는 예수님께서는 아버지의 집으로 돌아가 우리를 위하여 모든 것을 준비하신다. "내 아버지 집에 거할 곳이 많도다 그렇지 않으면 너희에게 일렀으리라 내가 너희를 위하여 처소를 예비하러 가노니 가서 너희를 위하여 처소를 예비하면 내가 다시 와서 너희를 내게로 영접하여 나 있는 곳에 너희도 있게 하리라"(요 14 : 2-3).

우리는 어떻게 그리스도의 프로포즈를 받아들이는가? 신부와 같이, 우리가 성만찬의 잔을 들고 포도주를 마실 때마다 사랑하는 주님에게 혼인 서약을 한다. 우리는 오직 그분만을 사랑하고, 그분에게 충성하며, 그분을 기다리고 있음을 증명한다. 신부처럼 우리는 횃불을 들고 준비를 한다. 왜냐하면 그분이 언제 오실 지 알지 못하기 때문이다.

우리의 신랑은 곧 오실 것이다. 우리는 마지막 나팔 소리가 울려 퍼지는 것을 듣기 위해 귀를 기울여야만 한다.

우리는 대환란을 겪지 않을 것이다. 우리는 죽음도 없고, 이별도 없으며, 슬픔이나 질병도 없는 도성으로 갈 것이다. 그리고 어린양이 빛이 되시는 도성, 장미가 결코 시들지 않는 도성, 아브라함과 이삭과 야곱과 왕되신 예수님께서 계시는 도성으로 갈 것이다.

나팔절의 주된 기능은 우리에게 한 가지 질문을 하는 것이다. 세상이 예상하지 못한 때에 찾아오는 부르심을 위해 우리는 준비를 하고 있는가? 나팔 소리가 유대인들을 일깨우고 그들에게 자기들의 행동을 돌아보고 그들의 창조주를 기억하라고 촉구했듯이, 우리 주님의 나팔 소리도 우리를 일깨워 신랑이 왔음을 깨닫게 해 준다.

당신은 준비 됐는가?

그리스도의 심판대와 신랑의 혼인 잔치

신랑이 신부를 집으로 데리고 온 후에 무슨 일을 하는가? 신부는 신랑 앞에 서서 그의 평가를 기다린다. 만약에 그녀가 현명하다면 결혼 예복을 담은 트렁크를 준비했을 것이다. 그리고 신랑을 사랑하기 때문에 자기가 준비한 아름다운 옷으로 치장할 것이다.

성경 시대에 혼인 잔치는 우리들의 관습처럼 신부를 축하하는 것이 아니라 신랑을 축하하는 것이다. 혼인 잔치에 모인 모든 손님은 신랑을 축하하기 위해 시를 짓고 노래를 부른다. 그리고 신부의 아름다움과 우아함을 평가한다.

복된 신랑이 되시는 주님께서 신부와 함께 나타나셨다. 그리고 이제 그 신부를 그분의 모든 친구에게 보여줄 것이다. 신부를 축하하기 위해서가 아니라 신부의 아름다움 때문에 신랑을 축하하기 위해서다. 예수님께서는 우리 때문이 아니라 우리에게 해 주신 일 때문에 영광을 받으실 것이다. 바울은 에베소서를 쓸 때에 이 비유를 사용했다. 그는 그리스도께서 교회를 위해 자신을 드렸다고 썼다. "자기 앞에 영광스러운 교회로 세우사 티나 주름잡힌 것이나 이런 것들이 없이 거룩하고 흠이 없게 하려 하심이니라"(엡 5 : 27).

우리는 본질적으로 거룩하지 못하다. 우리는 행동상으로도 거룩하지 못하다. 그러나 신부는 아버지께서 아들에게 주시는 사랑의 선물이다. 그것은 아들이 아버지의 뜻에 순종했기 때문에 아들을 영광스럽게 해 주는 것이다. 신랑되시는 예수님께서 그분의 신부를 데리고 나타나실 때, "그녀는 티나 주름 잡힌 것이 없이 아름답다"고 말씀하실 것이다. 그분은 기쁜 마음으로 그녀를 혼인 잔치에 데리고 나오실 것이다.

가능하다면 이 모습을 상상해 보라. 신랑은 신부를 자기 방으로 데리고 가서 그녀의 눈을 들여다보며 다음과 같이 말할 것이다. "이제 나는 당신을 데리고 나가 나의 모든 친구를 만나게 할 것이오. 그들은 당신을 칭찬하고 당신의 아름다움을 찬양하기를 원한다오. 그러므로 예물 상자를 들여다보고 당신이 혼인 잔치를 위해 준비한 옷들을 꺼내서 아름답게 입으시오!" 만약에 당신이 예물 상자를 들여다보았을 때, 아무것도 발견할 수 없다면 어떻게 되겠는가? 만약에 당신이 옷을 제대로 준비하지 못했다면 어떻게 되겠는가? 아마 당신은 사랑하는 신랑과 그분의 아버지와 모여든 증인들 앞에서 당황하게 될 것이다.

휴거 후에 우리 크리스천들은 심판대 앞에 서게 될 것이다. 예수님께서 우리 죄를 위해 하나님의 심판을 감당하시는 동안에 우리는 하나님 앞에 서서 우리의 신실함에 대한 최종적인 평가를 받게 될 것이다. 세상의 나라들이 그 도덕성 때문에 흥하고 망하듯이, 우리의 개인적인 결정과 행동들도 우리에 대한 심판의 증거가 될 것이다. 우리는 면류관과 칭찬을 받거나 책망이나 질책을 받게 될 것이다. 우리의 옷은 신랑을 영광스럽게 하거나 또는 더러운 누더기가 될 것이다. 문제는 구원이 아니다. 왜냐하면 이 심판은 구원받은 자들을 대상으로 하늘에서 이루어지기 때문이다. 그 시험에서 필요한 자질들은 우리의 성품과 신실함이다.

바울은 고린도전서 3장 11-15절에서 다음과 같이 썼다.

"이 닦아 둔 것 외에 능히 다른 터를 닦아 둘 자가 없으니
이 터는 곧 예수 그리스도라 만일 누구든지 금이나 은이나 보

석이나 나무나 풀이나 짚으로 이 터 위에 세우면 각각 공력이
나타날 터인데 그 날이 공력을 밝히리니 이는 불로 나타내고
그 불이 각 사람의 공력이 어떠한 것을 시험할 것임이니라 만
일 누구든지 그 위에 세운 공력이 그대로 있으면 상을 받고
누구든지 공력이 불타면 해를 받으리니 그러나 자기는 구원
을 얻되 불 가운데서 얻은 것 같으리라"

심판대에는 죽기까지 충성한 그리스도의 신실한 종들을 위하여 5
가지의 면류관들이 준비되어져 있을 것이다. 하나님께서는 죽기까지
감옥과 박해로 테스트를 받은 확고한 성도들에게 생명의 면류관을 주
실 것이다(계 2 : 10). 양떼를 지키는 자기 희생적인 목자들에게는 결
코 빛이 바래거나 녹슬지 않는 면류관이 기다리고 있다(벧전 5 : 2-
4). 인내와 끈기를 가지고 인생의 경주를 한 모든 사람은 의의 면류
관을 받을 것이다(딤후 4 : 7-8). 복음 전도자와 영혼을 구원하는 자
들은 기쁨의 면류관을 받을 것이다(살전 2 : 19-20). 마지막으로 이기
는 자는 놀라운 승리의 면류관을 받을 것이다(고전 9 : 25).
　당신은 어떤 면류관을 받을 것인가?
　당신은 향기가 나는 신랑의 팔을 잡을 것인가? 당신은 흰옷을 입
고 머리에는 빛나는 면류관을 쓰고 신랑과 함께 있을 것인가? 요한
은 모든 성도에게 "…네가 가진 것을 굳게 잡아 아무나 네 면류관을
빼앗지 못하게 하라"(계 3 : 11)고 경고하고 있다.
　이기기 위하여 경주하라!

여섯 번째 절기 : 속죄절(욤 키푸르)

티쉬리월(태양력으로는 9월이나 10월) 10일 욤 키푸르의 날, 이스라엘은 함께 모여 예배를 드리고, 자기 점검을 하며 반성하고 회개한다. 이 날은 1년 중 가장 성스러운 날이다. 구약 시대에는 이 날에만 대제사장이 지성소에 들어갔으며, 이스라엘의 죄를 짊어진 희생양이 광야의 아사셀에게로 보내졌다(레 16 : 10).[4] 이 날에 의로운 유대인들은 자기들의 삶에 대해 철저하게 반성했다.

다니엘은 미래를 위한 하나님의 계획에 있어서 이 절기가 얼마나 중요한 의미를 지니고 있는지를 알고 있었다. 다니엘 9장 24절에서 그 선지자는 여섯 번째 절기의 의미를 다음과 같이 기록했다.

> "네 백성과 네 거룩한 성을 위하여
> 칠십 이레로 기한을 정하였나니
> 허물이 마치며 죄가 끝나며 죄악이 영속되며
> 영원한 의가 드러나며 이상과 예언이 응하며
> 또 지극히 거룩한 자(예수 그리스도)가
> 기름 부음을 받으리라"

마치 십자가 사건이 유월절의 성취이듯이, 성경은 이 날, 즉 예수 그리스도의 재림시에 일어날 일에 대해 믿을 수 없는 약속을 하고 있다. 어느 욤 키푸르에 재림할 것인가? 아무도 "그 날과 때"를 알 수 없다. 그러나 우리는 그분의 재림이 문 앞까지 가까이 왔음을 알고 있다.

예수 그리스도의 재림 - 예수님께서 땅에는 내려오시지 않고 구름 가운데 나타나시는 휴거에 대해 말하는 것이 아니다 - 은 이스라엘이 적그리스도와 7년 간의 평화 협정을 맺은 후, 2,555일, 즉 7년 후에 나타날 것이다. 그 협정은 한 비범한 사람이 유럽 연합이나 로마 제국의 일부였던 나라의 탁월한 지도자로 나타난 후에 맺어질 것이다. 그는 요한계시록 13장 1절에서 묘사된 짐승이다. "내가 보니 바다에서 한 짐승이 나오는데 뿔이 열이요 머리가 일곱이라 그 뿔에는 열 면류관이 있고 그 머리들에는 참람된 이름들이 있더라" 일곱 머리에 있는 열 개의 면류관들은 세 나라가 그의 통제하에서 몰락할 것을 가리킨다.

비록 이스라엘이 이 악한 사람을 메시야로 생각할지라도, 그는 다시 태어난 히틀러에 지나지 않는다. 그러나 메시야되시는 예수 그리스도께서 오셔서 그를 파멸시키실 때, 그의 악한 통치는 끝날 것이다. 예수님께서는 욤 키푸르의 날, 하나님과 그분의 택한 백성들을 화해시키는 날의 의도를 성취하실 것이다.

교회를 위한 욤 키푸르의 의미

그리스도의 진정한 신부는 적그리스도가 나타날 때에 사라질 것이다. 그러나 욤 키푸르는 우리에게 교회는 휴거 직전에 회개를 전해야만 한다는 사실을 상기시켜 준다. 예수 그리스도께서 교회에게 주신 마지막 말씀은 지상 대명령이 아니다. 교회에게 주신 그분의 마지막 말씀은 회개하라는 것이었다.

요한계시록 1장에서 그리스도께서는 요한에게 아시아 일곱 교회들에게 보내는 메시지를 주셨다. 일곱 교회들 중에서 다섯 교회들이 회개하라는 말씀을 들었다. 성경의 모든 말씀은 거룩한 목적을 가지고 있다. 아시아 일곱 교회들 중에서 다섯 교회가 회개해야 할 필요가 있었다면 오늘날 미국에서도 일곱 교회들 중 다섯 교회들, 일곱명의 신자들 중 다섯 명이 회개해야 할 필요가 있을 것이다.

회개는 국가 부흥의 열쇠다. 우리는 국가적으로 회개하여 부흥을 맞이하거나 아니면 거리의 폭동을 맞이하게 될 것이다.

일곱 번째 절기 : 장막절(서코트)

장막절은 9월이나 10월에 오는 티쉬리월 15일부터 21일까지 하나님의 명령으로 지켜졌다(레 23 : 39). 장막절은 곡식을 수확한 후에 시작된다. 그리고 그것은 성경의 절기들 중에서 가장 행복한 절기다. 그것은 하나님의 후하심과 보호를 경축하며, 이스라엘이 광야에서 거주하던 임시 오두막집으로 상징되어진다. 유대인 전승에 따르면 이방인들도 포함하는 절기다. 그래서 세계 70개국(그 당시 그들은 70개국만 존재하는 줄로 알았다)을 위하여 성전에서 70마리의 황소들을 드렸다. 메시야 세대의 유대인들은 모든 나라가 하나님께서 세상을 인도하신다고 믿고 장막절을 경축하기 위해 예루살렘으로 몰려 들 것이라고 믿었다.[5]

7은 완전수다. 이 절기는 하나님의 안식을 예고하며, 그리스도께서 통치하시는 천년 왕국을 가리킨다.

장막절은 빛의 절기라고 불려지기도 한다. 그 절기 동안 이스라엘의 고대 관습은 성전 한 가운데에 네 개의 큰 촛대들을 가져다 놓는 것이다. 큰 사발에는 기름이 가득 차 있었는데, 심지는 그 전 해에 제사장들이 짠 거룩한 옷으로 만들어졌다. 예루살렘에 있는 모든 사람은 그 빛을 볼 수 있었다.[6] 이것은 예수님께서 사람들 가운데 서서 "나는 세상의 빛이라"(요 9 : 5)고 선언하신 것과 얼마나 잘 어울리는가!

우리는 예수 그리스도 안에서 우리의 정체성을 발견한다. 그분은 우리가 누구이며, 우리가 무엇을 하는지를 보여 주셨다. 성경은 우리에게 "이같이 너희 빛을 사람 앞에 비춰게 하여 저희로 너희 착한 행실을 보고 하늘에 계신 너희 아버지께 영광을 돌리게 하라"(마 5 : 16)고 촉구한다. 빛은 어두움을 드러내고 노출시키며 결국에는 정복한다. 우리는 그리스도처럼 어두운 세상의 빛이다.

이 말을 들어 보라! 빛과 어두움은 평화스럽게 공존할 수 없다. 사도 바울은 "빛과 어두움이 어찌 사귀며"(고후 6 : 14) 라고 말했다. 예수 그리스도의 교회가 어두움에 대한 불평을 그치고 빛을 발할 때가 왔다!

더 이상 푸념하지 말고 빛을 발하라!

빛이 없이는 승리가 찾아오지 않는다. 밤이 없이는 일출도 없다. 비용을 지불하지 않고는 살 수 없으며 십자가 없이는 면류관도 없다. 어두움을 저주하지 말고 빛을 발하라!

말할 수 없는 기쁨

장막절은 "기쁨의 계절"이라고도 불려진다. 나는 예수님께서 장막절 기간 동안에 탄생하셨다고 믿는다. 그분은 12월에 탄생하지 않으셨다. 왜냐하면 누가복음 2장 8절은 예수님께서 탄생하실 때, "그 지경에 목자들이 밖에서 밤에 자기 양떼를 지키더니"라고 말하기 때문이다. 성경 시대부터 오늘까지, 이스라엘의 목자들은 10월부터 밤에는 들판의 추위를 피해 양들을 우리에 가두어 놓는다. 12월에는 밤의 추위 때문에 들판에 목자들이 없다. 그러나 유월절 이후에는 양떼를 풀어 놓는 것이 관례다. 그리고 그들은 이른 비가 오거나 10월의 서리가 내릴 때까지는 들판에 머물러 있었다. 그러므로 예수님께서는 유월절과 10월 초 사이에 탄생하셨다. 나는 예수님께서 기쁨의 계절인 장막절에 탄생하셨다고 믿는다.

첫 번째 크리스마스 아침에 천사들이 모여 "무서워 말라 보라 내가 온 백성에게 미칠 큰 기쁨의 좋은 소식을 너희에게 전하노라"(눅 2 : 10)고 선언했다. 그들은 만왕의 왕께서 세상에 오셨음을 알았다. 그와 마찬가지로, 장막절은 예수 그리스도께서 온 땅을 다스리실 때를 경축한다.

스가랴는 메시야가 온 세상에게 주시는 하나님의 가장 큰 선물이 될 것이라고 예언했다. "여호와께서 천하의 왕이 되시리니 그 날에는 여호와께서 홀로 하나이실 것이요 그 이름이 홀로 하나이실 것이며"(슥 14 : 9). 메시야의 도래는 모든 나라에게 기쁨을 가져다줄 것이다.

예수 그리스도는 우리의 기쁨이시다. 온 세상을 다스리실 그분의 재림을 기다리며, 우리는 모든 이름 위에 뛰어난 그분의 이름의 능력을 기뻐한다. 예수님의 이름들 중의 하나인 **임마누엘**은 "하나님께서 우리와 함께 계신다"는 뜻이다.

그분은 놀라운 카운슬러시고, 전능하신 하나님이시며, 영원한 아버지시자, 평강의 왕이시다. 또한 우리의 구세주요, 구원자는 우리의 친구이자 위로자시기도 하다. 그분은 오늘 우리에게 내일 일을 알게 될 기쁨을 가져다주신다. 그분 안에는 충만한 기쁨이 있다.

주(註)

1. David C. Gross, How to Be Jewish (New York: Hippocrene Books, 1991), p. 145.
2. Alan Unterman, Dictionary of Jewish Lore and Legend (London: Thames and Hudson, Ltd., 1991), p. 168.
3. Rabbi Joseph Telushkin, Jewish Wisdom, op. cit., p. 387.
4. Alan Unterman, op. cit., p. 208.
5. Alan Unterman, op. cit., pp. 191-92.
6. Ralph Gower, The New Manners and Customs of Bible Times (Chicago: Moody Press, 1987), p. 358.

10 예루살렘 최후의 새벽

250년 전에 영국의 작가인 아이작 와트는 시편 98편에 기초하여 찬송가를 작사했다. 비록 전통적으로 크리스마스 때에 그의 노래를 부를지라도, 그 가사는 사실상 그리스도의 천년 왕국에 관한 것이다.

세상에 기쁨! 주님이 오셨네.
땅이여, 왕을 맞아라.
모든 마음이 그분의 방을 준비하라.
하늘과 사연이여, 노래히리.

땅에 기쁨! 구세주가 통치하신다.
사람들이여, 노래하라.

들판과 시냇물과 바위와 언덕과 평지가
기쁨의 소리를 반복하네.

더 이상 죄와 슬픔이 없네.
땅에는 가시나무도 없네.
그분이 오셔서 저주가 있는 곳에
축복을 나누어주시네.

그분이 진실과 은혜로 세상을 다스리시네.
나라들이 그분의 의의 영광과
그분의 놀라운 사랑을
증명하게 하시네.[1]   (통일찬송가 115장 ; 의역)

복된 도성 예루살렘은 예수 그리스도께서 이 땅에서 1,000년 동안 다스리시는 천년 왕국 동안에 그분의 수도가 될 것이다. 수세기 동안 처음으로 예루살렘은 적을 두려워하지 않고 안전하게 지낼 수 있을 것이다.

천년 왕국이란 무엇인가?

성경은 천년 왕국에 대해 많은 말을 하고 있다. 성경에서 그것은 "장차 오는 세상"(히 2 : 5), "천국"(마 5 : 10), "하나님 나라"(막 1 : 15), "마지막 날"(요 6 : 40), "세상이 새롭게 되어"(마 19 : 28)

등으로 알려져 있다. 예수님께서는 제자들에게 다음과 같이 말씀하셨다. "내가 진실로 너희에게 이르노니 세상이 새롭게 되어 인자가 자기 영광의 보좌에 앉을 때에 나를 좇는 너희도 열 두 보좌에 앉아 이스라엘 열두 지파를 심판하리라"(마 19 : 28).

구약 성서에서 천년 왕국은 안식일로 예표되어져 있다. 6일, 6주, 6개월, 6년 동안 일한 후에는 안식을 지켜야만 한다. 하나님의 영원한 계획에 있어서 6,000년 후, 메시야의 천년 왕국이 도래할 때에 땅은 안식을 지킬 것이다.

천년 왕국 동안에 이스라엘의 지리적 환경은 변화될 것이다. 이스라엘은 크게 확장되고, 사막은 옥토가 될 것이다. 처음으로 이스라엘은 창세기 15장 18-21절에서 아브라함에게 약속한 모든 땅을 소유하게 될 것이다. 기적의 강이 동쪽에서 서쪽으로, 즉 감람산에서 지중해와 사해로 흐를 것이다. 그러나 그것은 더 이상 "죽지" 않을 것이다!

스가랴가 그것을 어떻게 묘사하는지 들어 보라.

"그 날에 그의 발이 예루살렘 앞 곧 동편 감람산에 서실 것이요
감람산은 그 한가운데가 동서로 갈라져
매우 큰 골짜기가 되어서
산 절반은 북으로, 절반은 남으로 옮기고
그 산골짜기는 아셀까지 미칠지라
너희가 그의 산골짜기로 도망하되…

그 날에 생수가 예루살렘에서 솟아나서
절반은 동해로, 절반은 서해로 흐를 것이라
여름에도 겨울에도 그러하리라…
온 땅이 아라바 같이 되되 게바에서
예루살렘 남편 림몬까지 미칠 것이며
예루살렘이 높이 들려 그 본처에 있으리니
베냐민 문에서부터 첫 문 자리와 성 모퉁이 문까지
또 하나넬 망대에서부터 왕의 포도주 짜는 곳까지라
사람이 그 가운데 거하며 다시는 저주가 있지 아니하리니
예루살렘이 안연히 서리로다…
예루살렘을 치러 왔던 열국 중에 남은 자가 해마다 올라와서
그 왕 만군의 여호와께 숭배하며 초막절을 지킬 것이라"
(슥 14 : 4-5, 8, 10-11, 16)

하나님의 눈동자인 예루살렘은 세상의 기쁨이 될 것이다. 그 도성
은 국제적인 예배의 중심지가 될 것이며 세상의 모든 사람이 거룩한
성전에서 경배하기 위해 순례 여행을 할 것이다. 왕들과 여왕들과
방백들과 대통령들이 그 거룩한 도성에 찾아올 것이다. "하늘에 있
는 자들과 땅에 있는 자들과 땅 아래 있는 자들로 모든 무릎을 예수
의 이름에 꿇게 하시고 모든 입으로 예수 그리스도를 주라 시인하여
하나님 아버지께 영광을 돌리게 하셨느니라"(빌 2 : 10-11).

미가 선지자는 천년 왕국에 대해 썼다. 그리고 그의 시는 (미국

건물들을 포함하여) 많은 공공 건물에 영감을 주어 그의 말의 일부를 새기게 했다. 그러나 미가는 미국에 대해 쓰지 않았다. 그는 하나님의 천년 왕국의 수도 예루살렘에 대해 썼다.

"말일에 이르러는 여호와의 전의 산이
산들의 꼭대기에 굳게 서며
작은 산들 위에 뛰어나고 민족들이 그리로 몰려갈 것이라
곧 많은 이방이 가며 이르기를
오라 우리가 여호와의 산에 올라가서
야곱의 하나님의 전에 이르자
그가 그 도로 우리에게 가르치실 것이라
우리가 그 길로 행하리라 하리니
이는 율법이 시온에서부터 나올 것이요
여호와의 말씀이 예루살렘에서부터 나올 것임이라
그가 많은 민족 중에 심판하시며
먼 곳 강한 이방을 판결하시리니
무리가 그 칼을 쳐서 보습을 만들고
창을 쳐서 낫을 만들 것이며
이 나라와 저 나라가 다시는 칼을 들고 서로 지지 아니하며
다시는 전쟁을 연습하지 아니하고"(미 4 : 1-3)

그 둘레가 약 10Km 되는 거룩한 도성은 높은 자리를 차지할 것

이며, 여호와 삼마("하나님이 그곳에 계신다", 겔 48 : 35), 여호와 지드케누("여호와는 우리의 의") 라고 불려질 것이다.

> "그 날에 유다가 구원을 얻겠고
> 예루살렘이 안전히 거할 것이며
> 그 성은 **여호와 우리의 의라** 일컬음을 입으리라"(렘 33 : 16)

천년 왕국 심판

대환란 후에 하나님께서 천년 왕국에서 하실 첫 번째 일은 이 땅의 모든 나라를 불러모아 그들이 이스라엘을 어떻게 대접했는가에 따라 심판하실 것이다. 천사장의 나팔 소리와 함께 예수 그리스도께서는 다시 한번 더 감람산으로 올라가실 것이다. 그 산은 둘로 쪼개지고, 예수님께서는 기드론 골짜기를 건너 황금문을 통해 성전으로 들어가실 것이다. 바로 그 순간에 유다의 사자는 거룩한 법정을 마련하여 각 나라들을 불러 그들이 유대인과 이스라엘을 저주했는지 축복했는지 대답하게 할 것이다.

거만하고 힘센 전사들은 땅바닥에 엎드려 굴복할 것이다. 교만한 자들은 동정을 구걸할 것이며, 이스라엘에게 냉혹하게 대했던 폭군들은 연민의 정에 호소할 것이다. 장군들과 야전 사령관들은 서툰 변명 뒤에 숨으려 할 것이며, 세상은 하나님께서 황제들과 왕들과 왕국들을 비참하게 만드시는 것을 보게 될 것이다. 이것이 바로 나라들에 대한 심판이다.

하만과 그의 일곱 아들들은 어린양의 법정 앞으로 끌려 나올 것이다. 바벨론 유수 시절에 이 반역적인 선동가는 유대인들을 멸절시키려 했다. 하지만 에스더의 노련한 개입이 그들을 구원했다. 비록 그 음모가 실패하고 하만이 교수형에 처해졌을지라도, 나라들과 천사들이 그를 불못으로 끌고 가기 전에는 그의 재판이 끝나지 않을 것이다.

아돌프 히틀러, 하인리히 히믈러, 그리고 나치의 죽음의 캠프에서 일한 모든 게슈타포 요원들이 재판을 기다릴 것이다. 조셉 스탈린, 니키타 크루슈체프도 그들 뒤에 서 있을 것이다. 거룩한 망치가 목수의 벤치를 칠 때에 히틀러는 나사렛 랍비 앞에서 고개를 숙이고 삶을 구걸할 것이다.

나치 병사들은 자기들이 주일날에는 유대인인 성모 마리아상 앞에서 눈물을 흘리고 월요일에는 그녀의 후손들을 가스실로 던져 넣었는지에 대해 설명해야 할 것이다.

그리고 나치에 협력한 프랑스 비시 정권은 그들이 유대인들을 배신했기 때문에 슬피 울어야 할 것이다. 레닌도 달려나올 것이고, 조셉 스탈린은 수십 년 동안 반유대 정책을 편 이유를 설명해야 할 것이다.

하나님께서는 잊지 않으신다. 또한 600만 명의 유대인들이 아우슈비츠에서 차례대로 살육된 것을 기억하실 것이다. 매에는 매, 상처에는 상처, 하나님께서 그분의 백성들에 대해 범한 모든 범죄를 징벌하실 때까지 철저한 회개가 이루어질 것이다. 하나님께서는 단번에 자비와 심판을 결정하실 것이다.

대영제국은 제2차 세계 대전 중에 채택한 백서 정책 때문에 재판 정으로 불려갈 것이다. 히틀러가 하루에 25,000명씩 죽일 때 많은 유대인들은 도망가려 했다. 그러나 영국의 백서 정책은 단지 일년에 5,000명만 이스라엘로 이주하도록 허락했다. 이스라엘은 영국의 통제하에서 유대인들을 히틀러의 죽음의 캠프로 돌려보내야만 했다. 영국은 물이 새는 배를 타고 이스라엘로 잠입하는 유대인들을 체포 했다. 영국은 도망가려는 유대인들에게 자비의 문을 닫았다. 전능하 신 하나님께서는 심판의 날에 그들의 행동을 기억하실 것이다.

크고 흰 보좌 심판

그러나 나라들과 마찬가지로 개인들도 심판을 받을 것이다. 죄인 들이 거룩하신 하나님 앞에서는 크고 흰 보좌 심판은 하나님의 말씀 가운데서 사람에게 주어진 가장 무서운 계시다. 요한계시록 20장 11 절에서 요한은 다음과 같이 적었다. "또 내가 크고 흰 보좌와 그 위 에 앉으신 자를 보니 땅과 하늘이 그 앞에서 피하여 간데 없더라"

크고 흰 보좌 심판은 천년 왕국의 통치가 끝난 다음에 이루어질 것이다. 그것은 하늘과 땅 사이 어디에선가 이루어질 것이다. 그것 은 땅에서는 이루어질 수 없다. 왜냐하면 땅은 새롭게 혁신되고 있 는 중이기 때문이다. 그것은 하늘에서도 이루어질 수 없다. 왜냐하 면 죄인들은 결코 거룩하신 하나님 앞에 갈 수 없기 때문이다.

부활에는 두 가지가 있다. 즉 의인의 부활과 불의한 자들의 부활이다. 의인의 부활은 세 단계로 이루어진다. 첫 번째 단계는 갈보리에서 이루어지는데, 거기서 사람들은 무덤에서 나와 예루살렘 도성에 나타날 것이다. 두 번째 단계는 교회의 휴거 때에 이루어질 것이다. 세 번째 단계는 대환란 도중에 이루어질 것인데, 그때 순교한 성도들은 하늘로 올라갈 것이다.

의인뿐만 아니라 불의한 자들까지 모든 사람이 부활의 날을 경험하게 될 것이다. 예수님께서는 요한복음 5장 27-29절에서 다음과 같이 말씀하셨다. "또 인자됨을 인하여 심판하는 권세를 주셨느니라 이를 기이히 여기지 말라 무덤 속에 있는 자가 다 그의 음성을 들을 때가 오나니 선한 일을 행한 자는 생명의 부활로 악한 일을 행한 자는 심판의 부활로 나오리라"

요한계시록 20장 12절에서 요한은 계속해서 크고 흰 보좌의 심판을 다음과 같이 묘사하고 있다. "또 내가 보니 죽은 자들이 무론 대소하고 그 보좌 앞에 섰는데 책들이 펴 있고 또다른 책이 펴졌으니 곧 생명책이라 죽은 자들이 자기 행위를 따라 책들에 기록된 대로 심판을 받으니"

하나님께서는 두 종류의 책을 가지고 계신다. 첫 번째 책은 생명책인데, 이 땅에서 예수 그리스도를 영접한 사람들의 이름이 담겨져 있다. 악인들이 크고 흰 보좌 앞으로 나아갈 때, 하나님께서는 민지 생명책에서 그들의 이름을 찾아보실 것이다. 그러나 그들의 이름은 그곳에 없다.

하나님께서는 악인들의 모든 말과 생각과 행동을 기록한 책을 펴보실 것이다. 그 결과는 어떻겠는가? "누구든지 생명책에 기록되지 못한 자는 불못에 던지우더라"(계 20 : 15).

당신은 어느 재판을 받을 것인가? 성도들의 행위가 불로 시험을 당하는 그리스도의 심판대 앞에 설 것인가? 아니면 예수 그리스도를 거부한 자들을 위한 크고 흰 보좌 심판 앞에 설 것인가? 그 선택은 당신에게 달려 있다.

새 예루살렘 :
황금으로 만들어진 영광스러운 하나님의 도성

천년 왕국 후, 사탄과 그의 추종자들이 영원히 불못으로 추방되었을 때, 하나님께서는 이 세상을 새롭게 만드실 것이다. 그리고 우리에게 새 하늘과 새 땅을 주실 것이다. 그러면 새 예루살렘이 하늘에서 그곳으로 내려올 것이다. 사도 요한은 요한계시록 마지막 장들에서 그것을 다음과 같이 묘사했다.

"또 내가 새 하늘과 새 땅을 보니 처음 하늘과 처음 땅이 없어졌고 바다도 다시 있지 않더라 또 내가 보매 거룩한 성 새 예루살렘이 하나님께로부터 하늘에서 내려오니 그 예비한 것이 신부가 남편을 위하여 단장한 것 같더라 내가 들으니 보좌에서 큰 음성이 나서 가로되 보라 하나님의 장막이 사람들과 함께 있으매 하나님이 저희와 함께 거하시리니 저희는 하나님의 백성이 되고 하나님은 친히 저희와 함께 계셔서 모든

눈물을 그 눈에서 씻기시매 다시 사망이 없고 애통하는 것이
나 곡하는 것이나 아픈 것이 다시 있지 아니하리니 처음 것들
이 다 지나갔음이러라…

일곱 대접을 가지고 마지막 일곱 재앙을 담은 일곱 천사 중
하나가 나아와서 내게 말하여 가로되 이리 오라 내가 신부 곧
어린양의 아내를 네게 보이리라 하고 성령으로 나를 데리고
크고 높은 산으로 올라가 하나님께로부터 하늘에서 내려오는
거룩한 성 예루살렘을 보이니 하나님의 영광이 있으매 그 성
의 빛이 지극히 귀한 보석 같고 벽옥과 수정같이 맑더라 크고
높은 성곽이 있고 열두 문이 있는데 문에 열두 천사가 있고
그 문들 위에 이름을 썼으니 이스라엘 자손 열두 지파의 이름
들이라 동편에 세 문, 북편에 세 문, 남편에 세 문, 서편에
세 문이니 그 성에 성곽은 열두 기초석이 있고 그 위에 어린
양의 십이 사도의 열두 이름이 있더라 내게 말하는 자가 그
성과 그 문들과 성곽을 척량하려고 금갈대를 가졌더라 그 성
은 네모가 반듯하여 장광이 같은지라 그 갈대로 그 성을 척량
하니 일만 이천 스다디온이요 장과 광과 고가 같더라 그 성곽
을 척량하매 일백 사십 사 규빗이니 사람의 척량 곧 천사의
척량이라 그 성곽은 벽옥으로 쌓였고 그 성은 정금인데 맑은
유리 같더라 그 성의 성곽의 기초석은 각색 보석으로 꾸몄는
데 첫째 기초석은 벽옥이요 둘째는 남보석이요 셋째는 옥수
요 넷째는 녹보석이요 다섯째는 홍마노요 여섯째는 홍보석이

요 일곱째는 황옥이요 여덟째는 녹옥이요 아홉째는 담황옥이
요 열째는 비취옥이요 열한째는 청옥이요 열두째는 자정이라
그 열두 문은 열두 진주니 문마다 한 진주요 성의 길은 맑은
유리 같은 정금이더라 성 안에 성전을 내가 보지 못하였으니
이는 주 하나님 곧 전능하신 이와 및 어린양이 그 성전이심이
라 그 성은 해나 달의 비췸이 쓸데없으니 이는 하나님의 영광
이 비취고 어린양이 그 등이 되심이라 만국이 그 빛 가운데로
다니고 땅의 왕들이 자기 영광을 가지고 그리로 들어오리라
성문들을 낮에 도무지 닫지 아니하리니 거기는 밤이 없음이
라 사람들이 만국의 영광과 존귀를 가지고 그리로 들어오겠
고 무엇이든지 속된 것이나 가증한 일 또는 거짓말하는 자는
결코 그리로 들어오지 못하되 오직 어린양의 생명책에 기록
된 자들뿐이라

　또 저가 수정같이 맑은 생명수의 강을 내게 보이니 하나님
과 및 어린양의 보좌로부터 나서 길 가운데로 흐르더라 강 좌
우에 생명 나무가 있어 열두 가지 실과를 맺히되 달마다 그
실과를 맺히고 그 나무 잎사귀들은 만국을 소성하기 위하여
있더라 다시 저주가 없으며 하나님과 그 어린양의 보좌가 그
가운데 있으리니 그의 종들이 그를 섬기며 그의 얼굴을 볼 터
이요 그의 이름도 저희 이마에 있으리라 다시 밤이 없겠고 등
불과 햇빛이 쓸 데 없으니 이는 주 하나님이 저희에게 비취심
이라 저희가 세세토록 왕노릇 하리로다"(계 21 : 1-4, 9-27,

22 : 1-5)

누가 이 거룩한 도성에서 살 것인가? 거룩한 천사들과 그리스도를 믿고 신뢰한 크리스천들과 구속받은 이스라엘이다. 비록 새 예루살렘이 신랑이 신부에게 주는 결혼 예물이라 할지라도, 이스라엘은 이 아름다운 성벽 안에서 거하도록 초대를 받는다.[2]

믿음장인 히브리서 11장에서 저자는 하나님을 믿고 그분의 계명에 순종한 유대인 성도들에 대해 증거한다. 그들은 그의 거룩한 도성에서 거하라는 초대를 받는다. "저희가 이제는 더 나은 본향을 사모하니 곧 하늘에 있는 것이라 그러므로 하나님이 저희 하나님이라 일컬음 받으심을 부끄러워 아니하시고 저희를 위하여 한 성을 예비하셨느니라"(히 11 : 16).

하늘과 거룩한 도성의 중심에는 예수 그리스도께서 계신다. 그분은 하늘의 근원이요, 힘이요, 중심이다.[3] 그분은 무슨 권한으로 이 거룩한 도성을 다스리고 통치하시는가?

아브라함의 언약을 되돌아보자. 하나님께서는 아브라함에게 "내가 너로 심히 번성케 하리니 나라들이 네게로 좇아 일어나며 열왕이 네게로 좇아 나리라"(창 17 : 6)고 약속하셨다. 하나님께서는 자신이 지정하신 왕을 통하여 온 세상을 어떻게 지배할 것인지를 계시해 주셨다.

창세기 49장에서 야곱은 그의 열두 아들들을 침상으로 불러 놓고 그들 각자에게 마지막 축복과 예언적인 말을 해 주었다. 그런데 유다에 대한 그의 축복이 특별히 흥미롭다.

"유다야 너는 네 형제의 찬송이 될지라 네 손이 네 원수의 목을 잡을 것이요 네 아비의 아들들이 네 앞에 절하리로다… 홀이 유다를 떠나지 아니하며 치리자의 지팡이가 그 발 사이에서 떠나지 아니하시기를 실로가 오시기까지 미치리니 그에게 모든 백성이 복종하리로다"(창 49 : 8, 10)

실로라는 단어는 "다스릴 권한을 가진 자" 라고 번역할 수 있다. 따라서 야곱은 유다의 혈통에서 왕이 될 권한을 가진 자가 나올 것이라고 예언한 것이다.

사무엘하 7장 16절에서 하나님께서는 또다른 약속을 하셨는데, 이번에는 다윗 왕에게 하신 것이다. "네 집과 네 나라가 내 앞에서 영원히 보전되고 네 위가 영원히 견고하리라…" 이 구절에는 세 개의 중요한 단어들이 있는데, 그것들은 집, 나라, 위(보좌)이다. "네 집"은 보좌에 앉을 다윗의 후손이다. "네 나라"는 이스라엘 왕국이다. "네 위"는 왕으로서의 그분의 권위며, 하나님의 대리자로서 다스릴 수 있는 권한이다. 본 절에서 두 번씩이나 하나님께서 다윗에게 그의 왕조, 나라, 그리고 보좌가 영원하리라고 말씀하셨다.

지난 번 내가 예루살렘을 방문했을 때, 나는 도서관에 서 있었다. 그리고 오랫동안 사해 사본을 쳐다보았다. 우리 주님께서 그 두루마리들을 만지고 읽으셨을 지도 모른다고 생각하니 나에게 어떤 압도적인 힘이 엄습해 옴을 느꼈다. 그리스도를 역사적인 인물로 2,000년 전에 죽으시고 지금은 아버지의 우편에 앉아 계시는 멀리 떨어진 구세주로 생각하는 것과 그분이 거니셨던 길을 걷고 그분이 손으로 만지신 물건들을 보는 것은 전혀 별개의 일이다.

그분은 사람이셨다. 그러나 그 이상이셨다. 그분은 영원히 예루살렘을 통치하시는 왕이시다. 그리고 예루살렘의 보좌는 그분의 타고난 권리다.

마태복음은 하나님께서 400년 동안의 침묵을 깨뜨리시는 것으로 시작되고 있다. 마태는 이스라엘에게 "다윗의 아들, 아브라함의 아들"이 되시는 예수 그리스도의 족보로부터 시작해서 오시는 왕에 대한 메시지를 제공해 주었다. 예수 그리스도께서 아브라함의 아들이시라면 그분은 이 땅의 모든 가족이 그분을 통해 복을 받는 약속된 분이시다(창 12 : 3). 예수 그리스도께서 다윗의 아들이시라면 그분은 다스릴 권한을 가지신 분이시며 실로이시다.

주의 천사가 동정녀 마리아에게 나타나 다음과 같이 말씀했다. "천사가 일러 가로되 마리아여 무서워 말라 네가 하나님께 은혜를 얻었느니라 보라 네가 수태하여 아들을 낳으리니 그 이름을 예수라 하라 저가 큰 자가 되고 지극히 높으신 이의 아들이라 일컬을 것이요 주 하나님께서 그 조상 다윗의 위를 저에게 주시리니 영원히 야곱의 집에 왕노릇 하실 것이며 그 나라가 무궁하리라"(눅 1 : 30-33).

예수 그리스도께서는 유대 랍비로 태어나시고 사셨다. 그리고 로마의 십자가에 못박히셨다. 예수님께서 하늘로 승천하셨을 때, 아버지 하나님께서는 예수님께 다음과 같이 말씀하셨다.

"주께서 내 주께 이르시되
내가 네 원수를 네 발 아래 둘 때까지
내 우편에 앉았으라 하셨도다 하였느냐"(마 22 : 44)

하나님께서는 지금 말세를 위하여 나라들을 준비시키고 계신다. 그토록 많은 고난을 당했던 예루살렘은 가장 짙은 어두움의 언저리에 와 있다. 그러나 곧 영광의 빛이 밝아 올 것이다.

세상의 나라들은 아마겟돈 전투를 위하여 여호사밧 골짜기에 모일 것이다. 그때 그 나라들은 천사들과 교회를 데리고 영광의 구름 가운데 오시는 하나님의 아들을 만나게 될 것이다.

요한은 그 광경을 다음과 같이 묘사하고 있다. "또 내가 하늘이 열린 것을 보니 보라 백마와 탄 자가 있으니 그 이름은 충신과 진실이라 그가 공의로 심판하며 싸우더라 그 눈이 불꽃같고 그 머리에 많은 면류관이 있고 또 이름 쓴 것이 하나가 있으니 자기 밖에 아는 자가 없고"(계 19 : 11-12). 왜 많은 면류관인가? 그분은 **만왕의 왕이요 만주의 주**(계 19 : 16)이시기 때문이다. 그분은 실로이시다. 그분의 통치권은 전능하신 하나님께서 주시고 보장해 주셨다. 그분은 다윗의 아들이시다. 그리고 그분의 나라는 끝이 없을 것이다.

그토록 많은 고난을 당한 고대 도시, 예루살렘의 백성들은 피가 흐르던 거리가 순금의 거리로 바뀌는 것을 보게 될 것이다. 사막의 태양은 어린양의 빛에게 그 자리를 양보할 것이다. 증오의 전쟁은 하나님의 평화로 바뀔 것이다. 많은 수고와 노력으로 여러 차례 재건축된 예루살렘 성벽은 오직 아름다움과 영광만을 위해 디자인된 성벽으로 대치될 것이다. 에덴 동산 이후로 보지도 못하고 누리지도 못했던 생명의 나무가 그 도성의 중앙에서 자라날 것이다. 나라들은 더 이상 예루살렘을 질투나 분개의 눈으로 보지 않고 하나님의 영광의 빛으로 볼 것이다.

오, 예루살렘이여, 하나님의 도성이여, 신실한 자들은 그 먼지나 돌도 사랑한다네! 전쟁의 바람이 빠르게 접근하고 깊은 어두움을 가져다준다. 그러나 하나님의 섭리에 의해서 어두움은 물러가고 예루살렘에 아름답고 영원한 새벽이 밝아 올 것이다.

예루살렘 최후의 새벽,
빛이신 어린양이 다시 오셔서 보좌에 앉으실 때,
더 이상 눈물도 없고 고통도 없고 어두움도 없을 것이다.
할렐루야! 온 세상에 기쁨을!

주(註)

1. Isaac Watts, "Joy to the World," The Broadman Hymnal (Nashville: Broadman Press, 1940), p. 137.
2. H. L. Willmington, The King Is Coming, (Wheaton, IL: Tyndale House, 1988), p. 300.
3. Willmington, op. cit., p. 301.

비전북은 줄과추 와 하늘사다리 가 연합하여 설립한 출판사로서
오직 믿음으로만 살았던 개혁 신앙을 계승 발전시키고
다시 오실 주님의 길을 예비하는 마음으로 21세기에도 역동적인 신앙을 세우는데
꿈과 비전을 품고 예배와 삶의 일치를 이루는 출판 공동체입니다.

예루살렘 최후의 새벽

저자 : 존 해기 / 역자 : 홍원팔
발행처 : **비전북출판사**
전화 : (02)966-3090 / 팩스 : (02)3293-6620
공급처 : **비전북**
전화 : (031)907-3927 / 팩스 : (080)403-1004

값 9,000원

예배와 삶의 일치

복음에는 하나님의 의가 나타나서

믿음으로 믿음에 이르게 하나니; 기록된바,

"오직 의인은 믿음으로 말미암아 살리라" 함과 같으니라.

로마서 1 : 17